やさしい
建築構造力学
演習問題集

浅野清昭 著
Kiyoaki ASANO

解法手順を身につける
書き込み式
ワークブック

Structural Mechanics

学芸出版社

まえがき

　構造力学を学習していく上で、自分の手を動かして解く作業は欠かせません。講義を聞いて「わかった」と思っても、実際に解いてみると「あれ？　どうだったっけ？」となってしまうからです。自分の力で何度も解く練習をして初めて構造力学は自分のものになるのです。そのため、構造力学の講義には、問題を解く教材が不可欠なのです。そこでこのたび、本書「やさしい 建築構造力学 演習問題集」を作成いたしました。本書が構造力学学習の良きパートナーになれば幸いです。

［本問題集の特長］

・高等数学不要…………第1章・基礎計算で紹介している程度の数学で取り組めます。

・シンプルな問題………解法の本質を理解していただくためには複雑な問題は要りません。シンプルで、気持ちよく解けるように工夫しています。「解ける喜び」を感じていただき、理解へと結びつけてください。

・イラストでの解説……解法の解説ページを設けました。解説にはイラストを使い、力を実感できるように工夫しています。

・実用的な解法…………「スパナ化法」「面積法」なども取り上げ、問題を見ただけで応力図が目に浮かぶようになることをめざしてください。

・チャレンジ問題………建築士資格試験の問題を意識した〈チャレンジ問題〉を用意しました。各パートを理解できたら、トライしてみましょう。

［問題を解くにあたっての注意点］

・計算式は丁寧にたてましょう。横着すると上達しませんよ。

・必要に応じて図を描きましょう。今自分が解こうとする対象物をはっきりさせることが大切です。

・力の釣り合い式には $\Sigma X = 0$ などの目印となる記号を書いておきましょう。復習するときに自分のたてた式が何なのか一目でわかります。

・暗算しない！　面倒臭さがらず丁寧に式を展開し、符号間違いなどのうっかりミスをなくしましょう。

・答えには必ず単位を書きましょう。物理量には単位が必要です。

　本書を通して構造力学に親しんでいただき、みなさんそれぞれの目標を達成していただければ、著者にとってこのうえない喜びです。

平成30年6月30日

浅野　清昭

目　次

まえがき ………………………………………………… 3

第 *1* 章　基礎計算 ………………………………… 6

第 *2* 章　力の基礎 ……………………………… 8

2・1　力── 8
2・2　力のモーメント── 10
2・3　合　力── 12
2・4　分布荷重── 14
チャレンジ問題 **01** ── 15

第 *3* 章　力の釣り合い ………………… 16

3・1　平行な力── 16
3・2　色々な方向の力── 18
チャレンジ問題 **02** ── 19

第 *4* 章　反　力 …………………………………… 20

4・1　単純梁の反力── 20
4・2　片持ち梁の反力── 24
4・3　張り出し梁の反力── 28
4・4　ラーメンの反力── 30
チャレンジ問題 **03** ── 33

第 *5* 章　部材に生じる力（基礎編） ……… 34

5・1　単純梁（集中荷重）── 34
5・2　単純梁（分布荷重）── 38
5・3　単純梁（モーメント荷重）── 42
5・4　片持ち梁── 46

第 *6* 章　部材に生じる力（実戦編） ……… 52

6・1　実用的解法── 52
6・2　梁── 58
6・3　ラーメン── 62
6・4　3 ヒンジラーメン── 66
チャレンジ問題 **04** ── 69
チャレンジ問題 **05** ── 69
チャレンジ問題 **06** ── 69

第 *7* 章　トラス …………………………………… 70

7・1　節点法── 70
7・2　図解法── 72
7・3　切断法── 74
チャレンジ問題 **07** ── 77

第 *8* 章　断面に関する数量 …………… 78

8・1　図心・断面 1 次モーメント── 78
チャレンジ問題 **08** ── 79
8・2　断面 2 次モーメント・断面係数── 80
チャレンジ問題 **09** ── 83

第 *9* 章　応力度 ………………………………… 84

9・1　軸応力度・伸び── 84
9・2　曲げ応力度・せん断力度── 86
9・3　許容応力度── 88
チャレンジ問題 **10** ── 91
チャレンジ問題 **11** ── 91
チャレンジ問題 **12** ── 91
9・4　組合せ応力度── 92

第 10 章 座　屈 ·················· 94

10·1 座　屈── 94
　　チャレンジ問題 **13** ── 95
　　チャレンジ問題 **14** ── 97

第 11 章 たわみ ·················· 98

11·1 たわみ・たわみ角公式── 98
　　チャレンジ問題 **15** ── 99
11·2 たわみの求め方── 100

第 12 章 不静定構造の基礎 ···102

12·1 モーメント荷重── 102
12·2 中間荷重── 104

第 13 章 塑性解析の基礎 ···106

13·1 静定構造── 106
13·2 不静定構造── 108

別冊 解答・解説

1 基礎計算

問題1 **分数** 次の分数計算をしなさい。

(1) $\dfrac{2}{3} \times \dfrac{21}{6} \times \dfrac{3}{7}$

(2) $\dfrac{1}{3} + \dfrac{3}{4} - \dfrac{5}{6}$

(3) $\dfrac{3}{4} \div \dfrac{1}{8} + \dfrac{5}{3} \times \dfrac{9}{15}$

(4) $\left(\dfrac{5}{384} + \dfrac{5}{128} + \dfrac{1}{48} \right) \times \dfrac{32}{7}$

問題2 **平方根** 次の平方根の計算をしなさい。

(1) $\sqrt{2} + 3\sqrt{2} - \sqrt{8}$

(2) $\left(\sqrt{18} + \sqrt{32} \right) \times \dfrac{1}{\sqrt{2}}$

(3) $\dfrac{4}{\sqrt{2}} + \dfrac{10}{\sqrt{2}} - 3\sqrt{2}$

(4) $\dfrac{1}{\sqrt{6}} \times \dfrac{\sqrt{27}}{4} \times 2\sqrt{8}$

問題3 **文字式** 次の式を計算しなさい。

(1) $\left(\dfrac{abc}{4} - \dfrac{abc}{6} \right) \times \dfrac{24}{bc}$

(2) $\dfrac{P}{2} \times \left(\dfrac{l}{2} \right)^3 \times \dfrac{1}{3EI}$

(3) $\dfrac{wl^2}{8} \div \dfrac{l}{2}$

(4) $\dfrac{bh^2}{6} \times \dfrac{1}{bh}$

問題4 **方程式** 次の式の x を求めなさい。

(1) $4x - 8 = 0$

(2) $\dfrac{x}{3} + 4 = 6$

(3) $\dfrac{x}{\sqrt{2}} - 8 = -5$

(4) $2ax - 4ab = 8ab$

問題 5 **連立方程式** 次の式の x、y を求めなさい。

(1) $\begin{cases} x + y = 4 \\ x - y = 2 \end{cases}$

(2) $\begin{cases} 5x + 7y = 4 \\ 3x + 4y = 2 \end{cases}$

(3) $\begin{cases} \dfrac{x}{3} - 4y = \dfrac{2}{3} \\ -\dfrac{x}{4} + \dfrac{y}{2} = 7 \end{cases}$

(4) $\begin{cases} \sqrt{2}\,x + \dfrac{3y}{\sqrt{2}} = 2\sqrt{2} \\ \sqrt{3}\,x + \dfrac{4y}{\sqrt{3}} = -\sqrt{3} \end{cases}$

問題 6 **相似形** 次の図中の長さ x、y を求めなさい。

(1) BC//DE

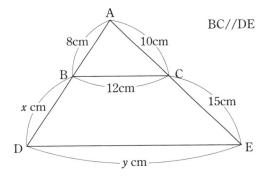

(2)

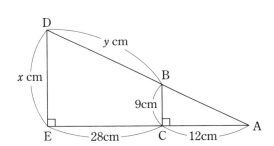

問題 7 **面積** 次の図形の面積を求めなさい。

(1) 三角形

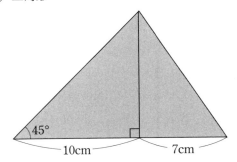

(2) 平行四辺形

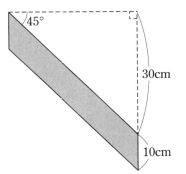

2·1 力の基礎 ▶ 力

【1】**力の表現**　左向き 2N の水平力を表現してみます。

次の図のように 3 通りの表現ができます。

(a) 矢の長さで表現　　(b) 数値で表現　　(c) 数値と符号で表現

【2】**力の分解**　次の斜め方向の力について、水平方向の力の効果と鉛直方向の力の効果を求めてみます。

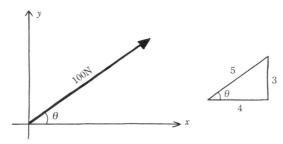

[手順1] 斜めの力が対角線になるような長方形を描きます。

[手順2] 横向きの辺の長さが水平方向の力の効果、たて向きの辺の長さが鉛直方向の力の効果です。

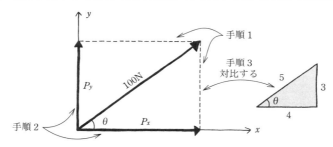

[手順3] 問題図に対応する直角三角形を横に描き、辺の比率を対比して水平・鉛直両方向の力の効果を求めます。

水平方向

$100N : P_x = 5 : 4$

$5P_x = 100 \times 4$ （内項の積は外項の積に等しい）

$P_x = 100 \times \dfrac{4}{5} = 80N$

鉛直方向

$100N : P_y = 5 : 3$

$5P_y = 100 \times 3$ （内項の積は外項の積に等しい）

$P_y = 100 \times \dfrac{3}{5} = 60N$

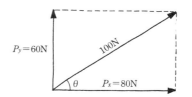

問題 1 次の力について、3 通りの表現をしなさい。

(1) 右向き 10N の水平力（3mm を 1N とする）　　(2) 下向き 5N の鉛直力（5mm を 1N とする）

問題 2 次の力を X、Y 両方向に分解・作図し、それらの大きさ P_X、P_Y を計算で求めなさい。

(1)

作図　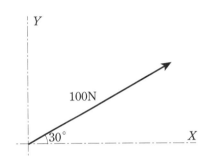

計算

$P_X =$

$P_Y =$

(2)

作図　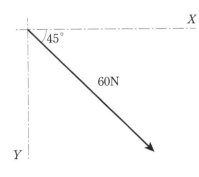

計算

$P_X =$

$P_Y =$

(3)

作図　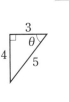

計算

$P_X =$

$P_Y =$

2·2 力の基礎 ▶ 力のモーメント

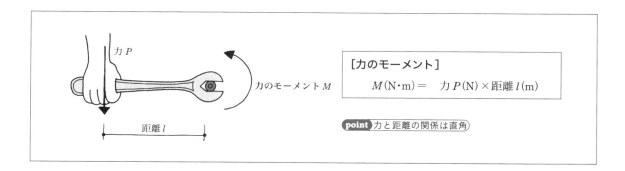

[力のモーメント]
$M(\text{N·m}) = $ 力 $P(\text{N}) \times$ 距離 $l(\text{m})$

point 力と距離の関係は直角

【1】力のモーメントの和

点Aを中心とする力のモーメント M_A の値を求めてみます。

モーメントは時計回りを＋として足し算します。

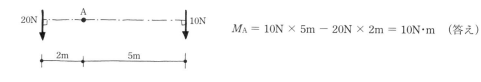

$M_A = 10\text{N} \times 5\text{m} - 20\text{N} \times 2\text{m} = 10\text{N·m}$ （答え）

問題 1 点Aを中心とする力のモーメント M_A を求めなさい（時計回りを＋とする）。

(1)

$M_A = $ _____

(2)

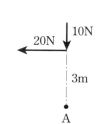

$M_A = $ _____

(3)

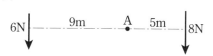

$M_A = $ _____

(4)

$M_A = $ _____

【2】力のモーメントの距離の見極め方

点Aを中心とする力のモーメント M_A の値を求めてみます。

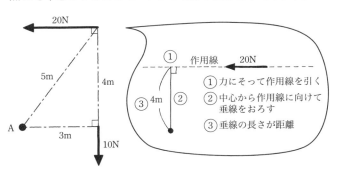

$M_A = 10\text{N} \times 3\text{m} - 20\text{N} \times 4\text{m}$
$= -50\text{N}\cdot\text{m}$ （答え）
（－は反時計回りのモーメントを意味する）

問題2 距離に注意して、点Aを中心とする力のモーメント M_A を求めなさい（時計回りを＋とする）。

(1)

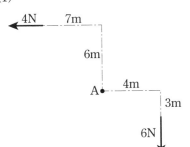

$M_A = $

(2)

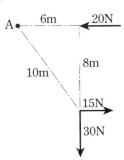

$M_A = $

(3)

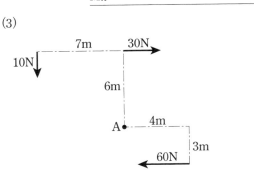

$M_A = $

(4)

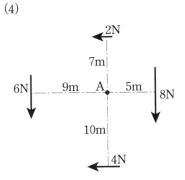

$M_A = $

2・3 力の基礎 ▶ 合　力

【1】**一点にかかる力の合力**　図のように一点にかかる力の合力を求めます。

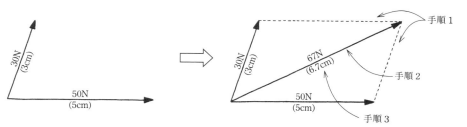

手順1　矢の先にそれぞれの力の平行線を描いて平行四辺形を作ります。
手順2　対角線に矢印を描きます。※角線の矢印が合力です。
手順3　合力の矢印の長さを測り、合力の大きさを求めます。

【2】**平行に並ぶ力の合力**　次の図の合力 P と合力の位置（点 A からの距離 x）を求めます。

<u>バリニオンの定理：合力のモーメント＝分力のモーメントの総和</u>

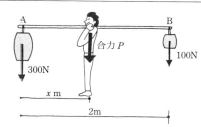

合力は肩にかかる力です。　⇒　$P = 300 + 100 = 400\text{N}$　（答え）

合力の位置はかつぐ位置です。これをバリニオンの定理にもとづいて求めます。

（点 A を中心とする合力のモーメント）　　（点 A を中心とする分力のモーメントの総和）
$$400 \times x = 300 \times 0 + 100 \times 2$$
$$\Rightarrow \quad x = 0.5\text{m} \quad \text{（答え）}$$

問題1　次の一点にかかる力の合力を求めなさい。

(1)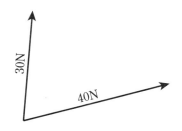

(2)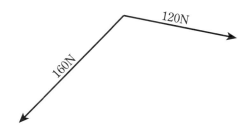

問題2 次のように荷物を担いでいる人の肩にかかる力（合力）の大きさ P と担いでいる位置（合力の位置　線Aからの距離 x）を求めなさい。

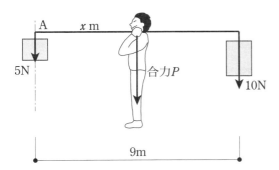

$P=$ 　　　　　　　$x=$

問題3 図のように、平行に並ぶ力について、合力の大きさ P と合力の位置（線Aからの距離 x）を求めなさい。

(1)

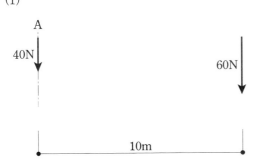

$P=$ 　　　　　　　$x=$

(2)

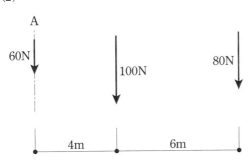

$P=$ 　　　　　　　$x=$

2・4 力の基礎 ▶ 分布荷重

【1】**分布荷重の合力**　次の分布荷重の合力を求めます。

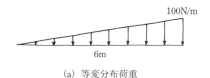
(a) 等変分布荷重

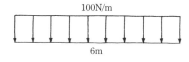
(b) 等分布荷重

合力の大きさは**分布荷重の面積**から求められます。合力の位置は**重心**となります。

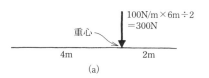
(a)

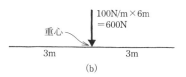
(b)

【2】**複数の分布荷重の合力**　次の分布荷重の合力を求めます。

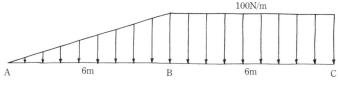

手順1　三角形の分布荷重と長方形の分布荷重に分けて合力を作ります。

手順2　バリニオンの定理を用いて合力を作ります。

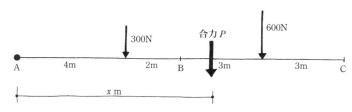

合力 $P = 300 + 600 = 900\text{N}$　（答え）

合力のモーメント　=　分力のモーメントの総和（点A中心）

$P \times x = 300 \times 4 + 600 \times 9 \Rightarrow x = 7.33\text{m}$　（答え）

問題1　次の力の合力の大きさ P と合力の位置（点Aからの距離 x）を求めなさい。

(1)

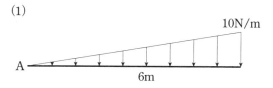

$P =$ 　　　　　$x =$

(2)

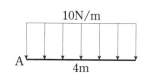

$P =$ 　　　　　$x =$

問題2　次の力の合力の大きさPと合力の位置（点Aからの距離x）を求めなさい。

(1)

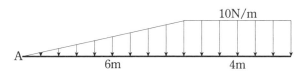

$P=$　　　　　　　　$x=$

(2)

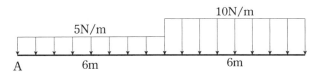

$P=$　　　　　　　　$x=$

チャレンジ問題 01

図のような分布荷重の合力Pの大きさおよびA点から合力までの距離を求めなさい。

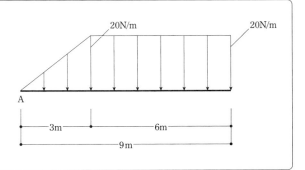

3・1 力の釣り合い ▶ 平行な力

【1】平行な力の釣り合い

図のようにふたりの人が荷物を支えています。このように複数の力がかかっているのに動かない状態を「力が釣り合っている」といいます。このときの P_A、P_B を求めてみます。

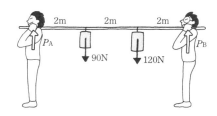

力の釣り合い式より求めます。

力が釣り合うとき

$\Sigma X = 0$（水平方向の力の和＝0になります）： 水平方向の力なし

$\Sigma Y = 0$（鉛直方向の力の和＝0になります）： $P_A + P_B - 90 - 120 = 0$
$\Rightarrow \quad P_A + P_B = 210 \quad$ ――①

$\Sigma M_A = 0$（任意の点を中心としたモーメントの和＝0になります）： $90 \times 2 + 120 \times 4 - P_B \times 6 = 0$
$\Rightarrow \quad P_B = 110\text{N} \quad$（答え）―― ②

式①に式②を代入して　　$P_A = 100\text{N}$　（答え）

問題1 次の力が釣り合うとき、力 P を求めなさい。ただし、右向きの力を＋とします。

(1)　　　　　　　　　　　　　　　　　　(2)

　←10N　　　　　P　　　6N→　　　　　←180N　　　P　　　120N→

　　　　　$P =$ _____　　　　　　　　　　　$P =$ _____

問題2 図のふたりの人が支えている力 P_A、P_B を求めなさい。ただし、上向きの力を＋とします。

(1)

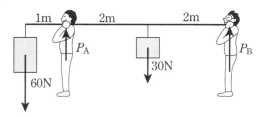

　　　　　　　　　　　　　　　$P_A =$ _____　　　　　$P_B =$ _____

(2)

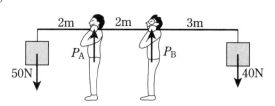

$P_A =$ _____ $P_B =$ _____

問題3 次の力が釣り合うとき、P_A、P_B を求めなさい。ただし、上向きの力を＋とします。

(1)

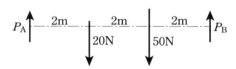

$P_A =$ _____ $P_B =$ _____

(2)

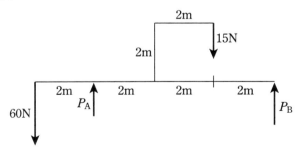

$P_A =$ _____ $P_B =$ _____

3·2 力の釣り合い ▶ 色々な方向の力

【2】色々な方向の力の釣り合い

力 P_1、P_2、P_3、P_4 が釣り合っているときの P_2、P_3、P_4 を求めてみます。

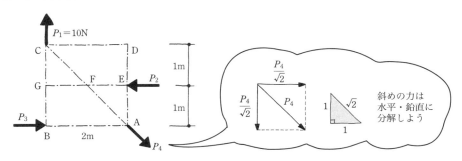

力の釣り合い式をたてて解きます。

$\Sigma X = 0 : \quad -P_2 + P_3 + \dfrac{P_4}{\sqrt{2}} = 0 \quad \text{――①}$

$\Sigma Y = 0 : \quad -\dfrac{P_4}{\sqrt{2}} + 10 = 0$

$\Rightarrow P_4 = 10\sqrt{2}\,\text{N}$ （答え）

$\Sigma M_A = 0 : \quad 10 \times 2 - P_2 \times 1 = 0$

$\Rightarrow P_2 = 20\,\text{N}$ （答え）

①式に $P_2 = 20\,\text{N}$、$P_4 = 10\sqrt{2}\,\text{N}$ を代入して P_3 を求めます。

$-20 + P_3 + \dfrac{10\sqrt{2}}{\sqrt{2}} = 0 \quad \Rightarrow \quad P_3 = 10\,\text{N}$ （答え）

問題 1 次の力が釣り合っているときの P_1、P_2、P_3 を求めなさい。

(1)

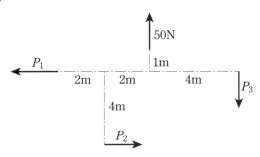

$P_1 = $ _____ $P_2 = $ _____ $P_3 = $ _____

(2)

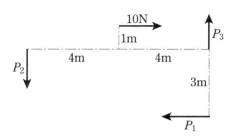

$P_1 = $ $P_2 = $ $P_3 = $

(3)

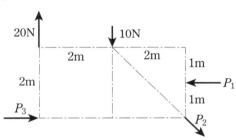

$P_1 = $ $P_2 = $ $P_3 = $

チャレンジ問題 02

図のような四つの力 $P_1 \sim P_4$ が釣り合っているとき、P_2 の値を求めなさい。

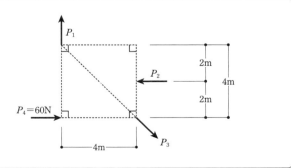

4・1 反 力 ▶ 単純梁の反力

【1】集中荷重の場合

手順1　すべての反力を矢印で描き込み、名前（V_A、V_B、H_A）を付けます。

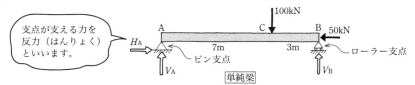

支点が支える力を反力（はんりょく）といいます。

手順2　力の釣り合い式をたてます。

手順3　力の釣り合い式を解いて、反力を求めます。

$\Sigma X = 0$：　$H_A - 50 = 0$

$\Sigma Y = 0$：　$V_A + V_B - 100 = 0$　　⇒　（答え）

$\Sigma M_A = 0$：　$100 \times 7 - V_B \times 10 = 0$

$\begin{cases} H_A = 50\text{kN} \\ V_A = 30\text{kN} \\ V_B = 70\text{kN} \end{cases}$

【2】分布荷重の場合

手順1　すべての反力を矢印で描き込み、名前（V_A、V_B、H_A）を付けます。

手順2　分布荷重を合力にします。　**point** 分布荷重の反力＝合力の反力

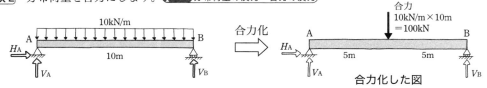

合力化した図

手順3　力の釣り合い式をたてます。

手順4　力の釣り合い式を解いて、反力を求めます。

$\Sigma X = 0$：　$H_A = 0$

$\Sigma Y = 0$：　$V_A + V_B - 100 = 0$　　⇒　（答え）

$\Sigma M_A = 0$：　$100 \times 5 - V_B \times 10 = 0$

$\begin{cases} H_A = 0\text{kN} \\ V_A = 50\text{kN} \\ V_B = 50\text{kN} \end{cases}$

【3】モーメント荷重の場合

手順1　すべての反力を矢印で描き込み、名前（V_A、V_B、H_A）を付けます。

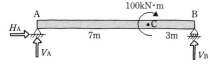

手順2　力の釣り合い式をたてます。　**point** モーメント荷重は$\Sigma M = 0$の式にそのまま入れる。

手順3　力の釣り合い式を解いて、反力を求めます。

$\Sigma X = 0$：　$H_A = 0$

$\Sigma Y = 0$：　$V_A + V_B = 0$　　⇒　（答え）

$\Sigma M_A = 0$：　$100 - V_B \times 10 = 0$

$\begin{cases} H_A = 0\text{kN} \\ V_A = -10\text{kN}　（－は下向きを意味する） \\ V_B = 10\text{kN} \end{cases}$

問題1 集中荷重を受ける単純梁の反力を求めなさい。

(1)

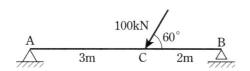

(2)

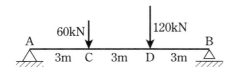

(3)

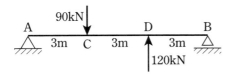

問題2 分布荷重を受ける単純梁の反力を求めなさい。

(1)

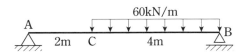

(2)

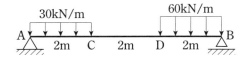

(3)

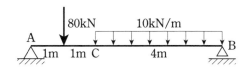

問題3 モーメント荷重を受ける単純梁の反力を求めなさい。

(1)

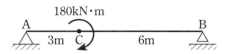

(2)

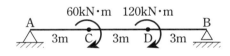

(3)

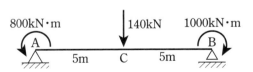

4・2 反　力 ▶ 片持ち梁の反力

【1】集中荷重の場合

手順1 すべての反力を矢印で描き込み、名前（H_B、V_B、M_B）を付けます。

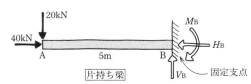

手順2 力の釣り合い式をたてます。

手順3 力の釣り合い式を解いて、反力を求めます。　**point** $\Sigma M = 0$ は固定支点中心にたてる。

$\Sigma X = 0 :\ -H_B + 40 = 0$

$\Sigma Y = 0 :\ \ \ V_B - 20 = 0 \quad \Rightarrow \quad$（答え）$\begin{cases} H_B = 40\text{kN} \\ V_B = 20\text{kN} \\ M_B = 100\text{kN·m} \end{cases}$

$\Sigma M_B = 0 :\ \ M_B - 20 \times 5 = 0$

【2】分布荷重の場合

手順1 すべての反力を矢印で描き込み、名前（H_B、V_B、M_B）を付けます。

手順2 分布荷重を合力にします。　**point** 分布荷重の反力＝合力の反力

合力化した図

手順3 力の釣り合い式をたてます。

手順4 力の釣り合い式を解いて、反力を求めます。

$\Sigma X = 0 :\ \ H_B = 0$

$\Sigma Y = 0 :\ \ V_B - 10 = 0 \quad \Rightarrow \quad$（答え）$\begin{cases} H_B = 0\text{kN} \\ V_B = 10\text{kN} \\ M_B = 25\text{kN·m} \end{cases}$

$\Sigma M_B = 0 :\ -10 \times 2.5 + M_B = 0$

【3】モーメント荷重の場合

手順1 すべての反力を矢印で描き込み、名前（H_B、V_B、M_B）を付けます。

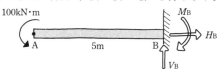

手順2 力の釣り合い式をたてます。　**point** モーメント荷重は $\Sigma M = 0$ の式にそのまま入れる。

手順3 力の釣り合い式を解いて、反力を求めます。

$\Sigma X = 0 :\ \ H_B = 0$

$\Sigma Y = 0 :\ \ V_B = 0 \quad \Rightarrow \quad$（答え）$\begin{cases} H_B = 0\text{kN} \\ V_B = 0\text{kN} \\ M_B = 100\text{kN·m} \end{cases}$

$\Sigma M_B = 0 :\ \ M_B - 100 = 0$

問題 1　集中荷重を受ける片持ち梁の反力を求めなさい。

(1)

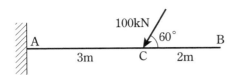

(2)

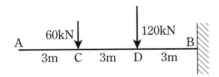

(3)

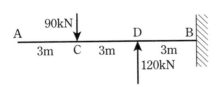

問題2 分布荷重を受ける片持ち梁の反力を求めなさい。

(1)

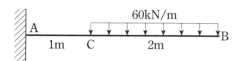

(2)

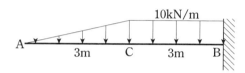

(3)

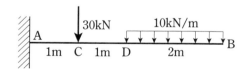

問題3 モーメント荷重を受ける片持ち梁の反力を求めなさい。

(1)

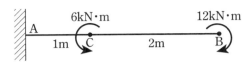

(2)

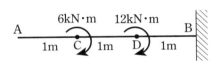

(3)

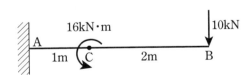

4·3 反 力 ▶ 張り出し梁の反力

手順1 すべての反力を矢印で描き込み、名前（V_A、V_B、H_B）を付けます。

手順2 分布荷重を合力にする。 point 分布荷重の反力＝合力の反力

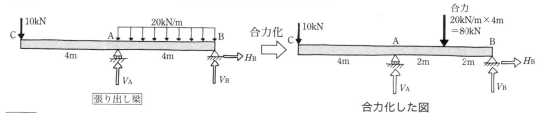

手順3 力の釣り合い式をたてます。

手順4 力の釣り合い式を解いて、反力を求めます。

$\Sigma X = 0$： $H_B = 0$

$\Sigma Y = 0$： $V_A + V_B - 10 - 80 = 0$

$V_A + V_B = 90$

$\Sigma M_B = 0$： $-10 \times 8 + V_A \times 4 - 80 \times 2 = 0$

$\Rightarrow$ （答え） $\begin{cases} H_A = 0\text{kN} \\ V_A = 60\text{kN} \\ V_B = 30\text{kN} \end{cases}$

問題1 張り出し梁の反力を求めなさい。

(1)

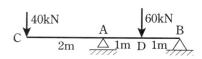

(2)

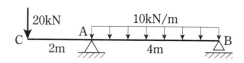

(3)
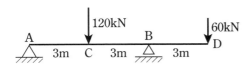

(4)
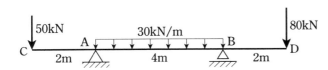

(5)
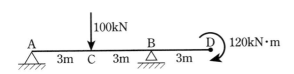

4・4 反 力 ▶ ラーメンの反力

【1】水平方向の力

手順1 すべての反力を矢印で描き込み、名前（V_A、V_B、H_A）を付けます。

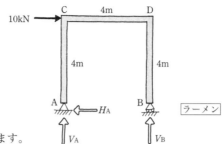

手順2 力の釣り合い式をたてます。
手順3 力の釣り合い式を解いて、反力を求めます。

$\Sigma X = 0$:　 $10 - H_A = 0$
$\Sigma Y = 0$:　 $V_A + V_B = 0$ 　　⇒ （答え）　$\begin{cases} H_A = 10\text{kN} \\ V_A = -10\text{kN}（-は下向き反力を意味する）\\ V_B = 10\text{kN} \end{cases}$
$\Sigma M_A = 0$:　 $10 \times 4 - V_B \times 4 = 0$

【2】鉛直方向の力

手順1 すべての反力を矢印で描き込み、名前（V_A、V_B、H_A）を付けます。

手順2 分布荷重を合力にします。 **point** 分布荷重の反力＝合力の反力

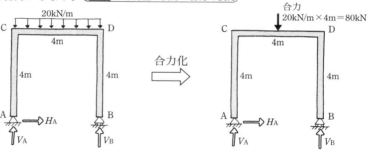

手順3 力の釣り合い式をたてます。
手順4 力の釣り合い式を解いて、反力を求めます。

$\Sigma X = 0$:　 $H_A = 0$
$\Sigma Y = 0$:　 $V_A + V_B - 80 = 0$ 　　⇒ （答え）　$\begin{cases} H_A = 0\text{kN} \\ V_A = 40\text{kN} \\ V_B = 40\text{kN} \end{cases}$
$\Sigma M_A = 0$:　 $80 \times 2 - V_B \times 4 = 0$

【3】片持ちラーメン

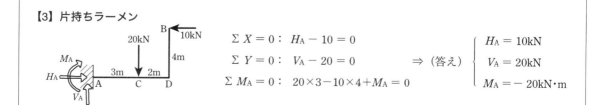

$\Sigma X = 0$:　$H_A - 10 = 0$
$\Sigma Y = 0$:　$V_A - 20 = 0$ 　　⇒ （答え）　$\begin{cases} H_A = 10\text{kN} \\ V_A = 20\text{kN} \\ M_A = -20\text{kN·m} \end{cases}$
$\Sigma M_A = 0$:　$20 \times 3 - 10 \times 4 + M_A = 0$

問題1 ラーメンの反力を求めなさい。

(1)

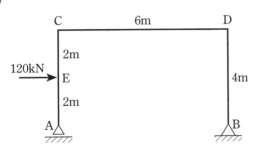

(2)

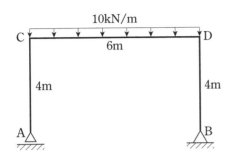

(3)

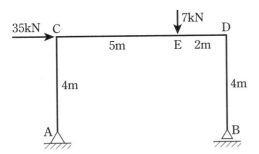

問題2 ラーメンの反力を求めなさい。 point 柱長の異なるラーメンはピン支点を中心に$\Sigma M = 0$をたてるとよい。

(1)

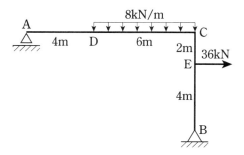

(2)

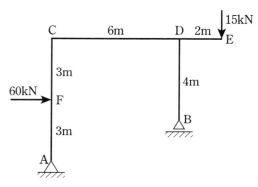

(3)

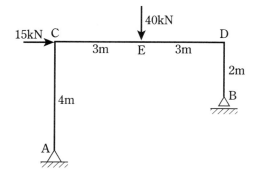

問題3 片持ちラーメンの反力を求めなさい。

(1)

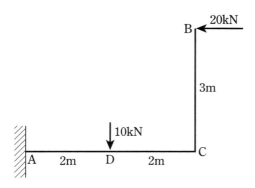

(2)

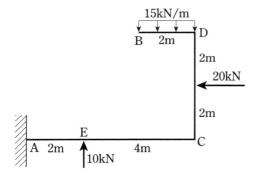

チャレンジ問題 03

図のような外力を受ける静定ラーメンにおいて、支点A、Bに生じる鉛直反力 V_A、V_B の値を求めなさい。ただし、鉛直反力の方向は、上向きを「＋」、下向きを「－」とする。

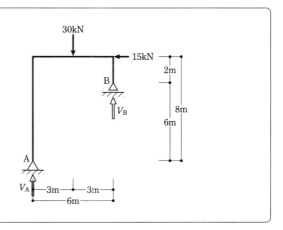

5・1 部材に生じる力（基礎編）▶単純梁（集中荷重）

次の単純梁について、部材に生じる力を求め、軸方向力図（N 図）、せん断力図（Q 図）、曲げモーメント図（M 図）を描きます。

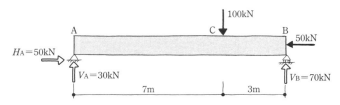

手順1 反力を求めます。解き方については **4・1** を参照してください。

【A-C 間について】

手順2 A-C 間で切断し、切断面に生じる力（曲げモーメント M、せん断力 Q、軸方向力 N）の矢印を描きます。

手順3 切断した片側だけで力の釣り合い式をたてます。

手順4 力の釣り合い式を解いて部材に生じる力を求めます。

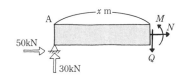

$\Sigma X = 0 :\ 50 + N = 0$
$\Sigma Y = 0 :\ 30 - Q = 0$ $\Rightarrow$ $\begin{cases} N = -50\text{kN} \\ Q = 30\text{kN} \\ M = 30x\text{kN}\cdot\text{m} \end{cases}$
$\Sigma M = 0 :\ 30x - M = 0$

$(0\text{m} \leqq x \leqq 7\text{m})$

【B-C 間について】　**手順2～4** を繰り返します。

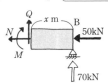

$\Sigma X = 0 : -50 - N = 0$
$\Sigma Y = 0 :\ 70 + Q = 0$ $\Rightarrow$ $\begin{cases} N = -50\text{kN} \\ Q = -70\text{kN} \\ M = 70x\text{kN}\cdot\text{m} \end{cases}$
$\Sigma M = 0 : -70x + M = 0$

$(0\text{m} \leqq x \leqq 3\text{m})$

軸方向力図（N 図）、せん断力図（Q 図）、曲げモーメント図（M 図）を描きます。

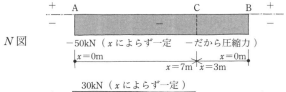

- 軸に対して上側を＋、下側を－としてグラフを描きます。
- ＋は引張力、－は圧縮力です。

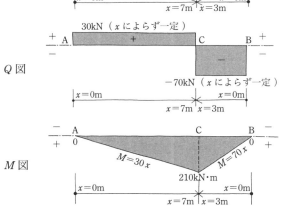

- 軸に対して上側を＋、下側を－としてグラフを描きます。
- ＋－を必ず付けます。

- 軸に対して下側を＋、上側を－としてグラフを描きます。
- ＋－は不要です。

[問題1] 次の単純梁に生じる力を求め、軸方向力図（N図）、せん断力図（Q図）、曲げモーメント図（M図）を描きなさい。

(1) 反力を求めなさい。

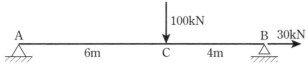

(2) A-C間で梁を切断し、切断面に部材に生じる力（N、Q、M）を描き、力の釣り合い式をたてて、N、Q、Mを求めなさい。

【A-C間について】図を描く　　　［力の釣り合い式］

(3) B-C間についても、同様に解きなさい。

【B-C間について】図を描く　　　［力の釣り合い式］

(4) 軸方向力図（N図）、せん断力図（Q図）、曲げモーメント図（M図）を描きなさい。

軸方向力図（N図）

せん断力図（Q図）

曲げモーメント図（M図）

問題2　次の単純梁に生じる力を求め、せん断力図（Q図）、曲げモーメント図（M図）を描きなさい。

Q図　A├──────────────C├──────┤B

M図　A├──────────────C├──────┤B

問題3 次の単純梁に生じる力を求め、せん断力図（Q図）、曲げモーメント図（M図）を描きなさい。

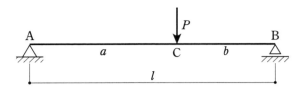

Q図

M図

5·2 部材に生じる力（基礎編）▶単純梁（分布荷重）

次の単純梁について、部材に生じる力を求め、せん断力図（Q 図）、曲げモーメント図（M 図）を描きます。

[手順1] 反力を求めます。解き方については、**4·1** を参照してください。

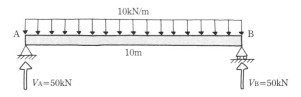

[手順2] A-B 間で切断した図を描き、梁の中に生じる力の矢印を描きます。

[手順3] 分布荷重を合力にします。

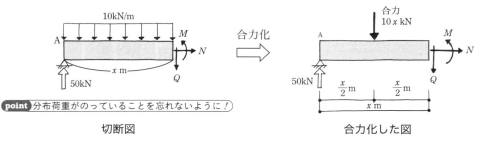

point 分布荷重がのっていることを忘れないように！

切断図　　　　　　　　　　　　　合力化した図

[手順4] 合力にした図に対して、力の釣り合い式をたてます。

[手順5] 力の釣り合い式を解いて、梁の中に生じる力を求めます。

$\Sigma X = 0$：　$N = 0$
$\Sigma Y = 0$：　$50 - 10x - Q = 0$
$\Sigma M = 0$：　$50x - 10x \times \dfrac{x}{2} - M = 0$

$\Rightarrow$
$\begin{cases} N = 0\text{kN} \\ Q = -10x + 50\text{kN} \\ M = -5x^2 + 50x\text{kN·m} \quad (0\text{m} \leqq x \leqq 10\text{m}) \end{cases}$

[手順6] せん断力図（Q 図）、曲げモーメント図（M 図）を描きます。

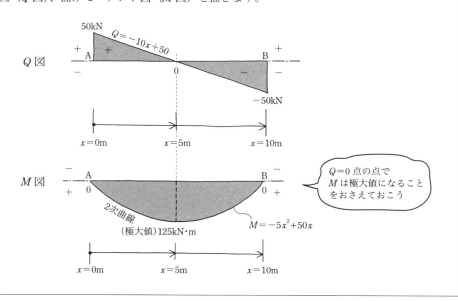

$Q=0$ 点の点で M は極大値になることをおさえておこう

問題1 次の単純梁に生じる力を求め、せん断力図（Q図）、曲げモーメント図（M図）を描きなさい。

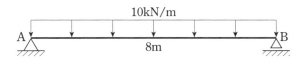

(1) 反力を求めなさい。

(2) A-B間で梁を切断し、切断面に部材に生じる力（N、Q、M）を措き、力の釣り合い式をたてて、N、Q、Mを求めなさい。

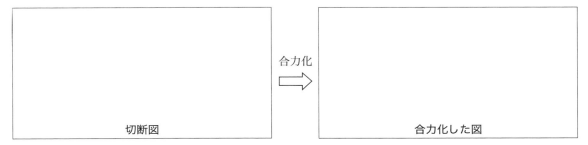

(3) 合力にした図に対して、力の釣り合い式をたてて、梁の中に生じる力を求めなさい。

(4) せん断力図（Q図）、曲げモーメント図（M図）を描きなさい。

5 部材に生じる力（基礎編）

問題2 次の単純梁に生じる力を求め、せん断力図（Q図）、曲げモーメント図（M図）を描きなさい。

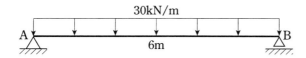

Q図　A ├────────────┼────────────┤ B

M図　A ├────────────┼────────────┤ B

問題3　次の単純梁に生じる力を求め、せん断力図（Q図）、曲げモーメント図（M図）を描きなさい。

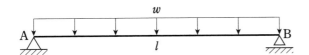

Q図　

M図　

5·3 部材に生じる力(基礎編) ▶ 単純梁(モーメント荷重)

次の単純梁について、部材に生じる力を求め、せん断力図（Q 図）、曲げモーメント図（M 図）を描きます。

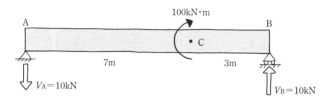

[手順1] 反力を求めます。解き方については **4·1** を参照してください。

【A-C 間について】

[手順2] A-C 間で切断し、切断面に生じる力の矢印を描きます。

[手順3] 切断した片側だけで力の釣り合い式をたてます。

[手順4] 力の釣り合い式を解いて部材に生じる力を求めます。

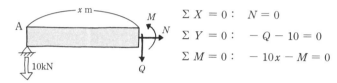

$\Sigma X = 0: \quad N = 0$
$\Sigma Y = 0: \quad -Q - 10 = 0 \quad \Rightarrow \quad$
$\Sigma M = 0: \quad -10x - M = 0$

$\begin{cases} N = 0\text{kN} \\ Q = -10\text{kN} \\ M = -10x\text{kN}\cdot\text{m} \end{cases}$

$(0\text{m} \leq x \leq 7\text{m})$

【B-C 間について】 [手順2-4] を繰り返します。

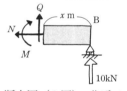

$\Sigma X = 0: \quad -N = 0$
$\Sigma Y = 0: \quad 10 + Q = 0 \quad \Rightarrow \quad$
$\Sigma M = 0: \quad -10x + M = 0$

$\begin{cases} N = 0\text{kN} \\ Q = -10\text{kN} \\ M = 10x\text{kN}\cdot\text{m} \end{cases}$

$(0\text{m} \leq x \leq 3\text{m})$

せん断力図（Q 図）、曲げモーメント図（M 図）を描きます。

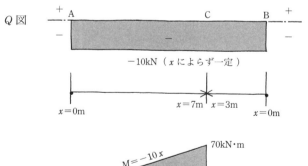

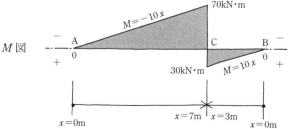

[問題1] 次の単純梁に生じる力を求め、せん断力図（Q図）、曲げモーメント図（M図）を描きなさい。

(1) 反力を求めなさい。

(2) A-C間で梁を切断し、切断面に部材に生じる力（N、Q、M）を描き、力の釣り合い式をたてて、N、Q、Mを求めなさい。

【A-C間について】図を描く ［力の釣り合い式］

(3) B-C間についても、同様に解きなさい。

【B-C間について】図を描く ［力の釣り合い式］

(4) せん断力図（Q図）、曲げモーメント図（M図）を描きなさい。

問題2　次の単純梁に生じる力を求め、せん断力図（Q図）、曲げモーメント図（M図）を描きなさい。

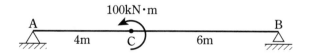

Q図　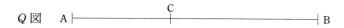

M図　A├────────────C────────────┤B

問題3 次の単純梁に生じる力を求め、せん断力図（Q図）、曲げモーメント図（M図）を描きなさい。

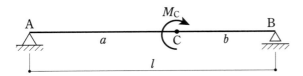

Q図

M図

5・4 部材に生じる力(基礎編) ▶ 片持ち梁

【1】集中荷重

次の片持ち梁に生じる力を求め、軸方向力図(N図)、せん断力図(Q図)、曲げモーメント図(M図)を描きます。

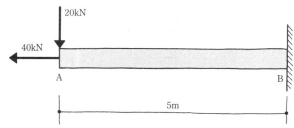

手順1 梁の任意の位置で切断し、切断面に生じる力(曲げモーメントM、せん断力Q、軸方向力N)の矢印を描きます。

手順2 切断した片側について、力の釣り合い式をたてます。

手順3 力の釣り合い式を解いて、部材に生じる力を求めます。

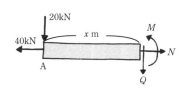

$\Sigma X = 0: \quad -40 + N = 0$
$\Sigma Y = 0: \quad -20 - Q = 0 \quad \Rightarrow \quad$
$\Sigma M = 0: \quad -20x - M = 0$

$\begin{cases} N = 40\text{kN} \\ Q = -20\text{kN} \\ M = -20x\text{kN}\cdot\text{m} \end{cases}$

$(0\text{m} \leqq x \leqq 5\text{m})$

軸方向力図(N図)、せん断力図(Q図)、曲げモーメント図(M図)を描きます。

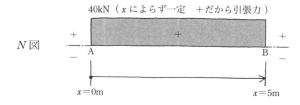

- 軸に対して上側を+、下側を-としてグラフを描きます。
- +は引張力、-は圧縮力です。

- 軸に対して上側を+、下側を-としてグラフを描きます。
- +-を必ず付けます。

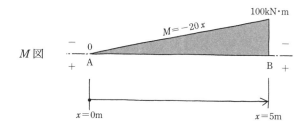

- 軸に対して下側を+、上側を-としてグラフを描きます。
- +-は不要です。

問題1 次の片持ち梁に生じる力を求め、軸方向力図（N図）、せん断力図（Q図）、曲げモーメント図（M図）を描きなさい。

(1)

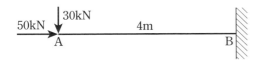

N図　A├─────────────────┤B

Q図　A├─────────────────┤B

M図　A├─────────────────┤B

(2)

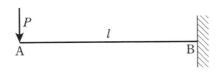

Q図　A├─────────────────┤B

M図　A├─────────────────┤B

【2】分布荷重

次の片持ち梁に生じる力を求め、せん断力図（Q図）、曲げモーメント図（M図）を描きます。

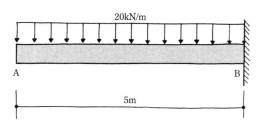

手順1 A-B間の任意の位置で切断した図を描き、梁の中に生じる力の矢印を描きます。

手順2 分布荷重を合力にします。

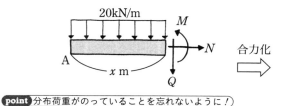

point 分布荷重がのっていることを忘れないように！

切断図　　　　　　　　　　　　　　　合力化した図

手順3 合力にした図に対して、力の釣り合い式をたてます。

手順4 力の釣り合い式を解いて、梁の中に生じる力を求めます。

$\Sigma X = 0: \quad N = 0$

$\Sigma Y = 0: \quad -Q - 20x = 0$

$\Sigma M = 0: \quad -20x \times \frac{x}{2} - M = 0$

$\Rightarrow \begin{cases} N = 0\text{kN} \\ Q = -20x\text{kN} \\ M = -10x^2\text{kN·m} \quad (0\text{m} \leqq x \leqq 5\text{m}) \end{cases}$

せん断力図（Q図）、曲げモーメント図（M図）を描きます。

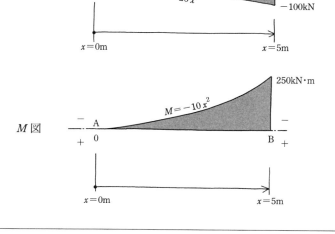

問題2 次の片持ち梁に生じる力を求め、せん断力図（Q図）、曲げモーメント図（M図）を描きなさい。

(1)

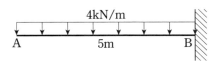

Q図 A ├────────────────────┤ B

M図 A ├────────────────────┤ B

(2)

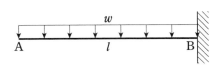

Q図 A ├────────────────────┤ B

M図 A ├────────────────────┤ B

【3】モーメント荷重

次の片持ち梁に生じる力を求め、せん断力図（Q 図）、曲げモーメント図（M 図）を描きます。

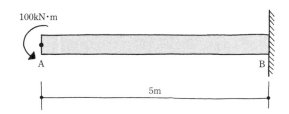

手順1 梁の任意の位置で切断し、切断面に生じる力（曲げモーメント M、せん断力 Q、軸方向力 N）の矢印を描きます。

手順2 切断した片側について力の釣り合い式をたてます。

手順3 力の釣り合い式を解いて、部材に生じる力を求めます。

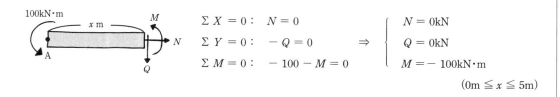

$(0m \leqq x \leqq 5m)$

せん断力図（Q 図）、曲げモーメント図（M 図）を描きます。

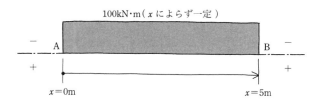

問題3 次の片持ち梁に生じる力を求め、せん断力図（Q図）、曲げモーメント図（M図）を描きなさい。

(1)

Q図　A├─────────────┤B

M図　A├─────────────┤B

(2)

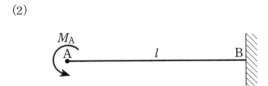

Q図　A├─────────────┤B

M図　A├─────────────┤B

6·1 部材に生じる力（実戦編）▶実用的解法

【1】集中荷重

●せん断力図の描き方（矢印図法）

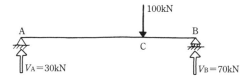

せん断力図を矢印図法で描きます。

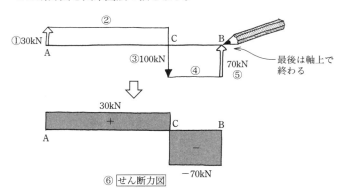

① 点 A の反力を立ち上げる。
② 力がない所は水平線を引く。
③ 力の矢印を下ろす。
④ 力がない所は水平に引く。
⑤ 反力を立ち上げて軸上に戻る。
⑥ 符号、数値を入れて完成。

●曲げモーメント図の描き方（スパナ化法）

曲げモーメント図をスパナ化法で描きます。

① 曲げモーメント図の特徴をつかみ、描くポイントをおさえます。

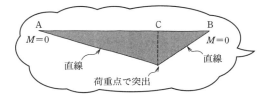

・両端のピン・ローラーでは $M = 0$
・荷重点 C の曲げモーメント M_C を求める。
・直線のグラフになる。

② 荷重点 C の曲げモーメントをスパナのイメージで求めます。引張り側も確認しておきます。

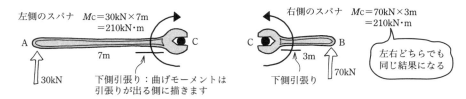

左右どちらでも同じ結果になる

③ 点 C の曲げモーメントを引張り側（下側）にプロットし、曲げモーメント図を完成させます。

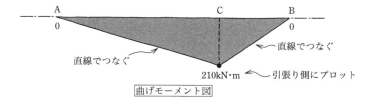

問題1 反力まで算定した次の単純梁について、矢印図法でQ図を描き、スパナ化法でM図を描きなさい。

(1)
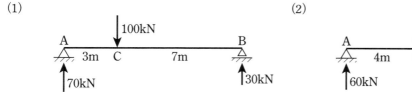

(2)
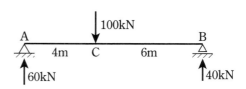

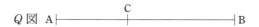

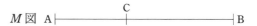

(3)
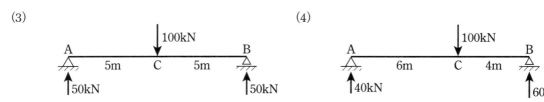

(4)
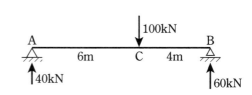

【2】分布荷重

● せん断力図の描き方（矢印図法）

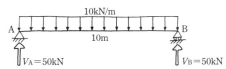

せん断力図を矢印図法で描きます。

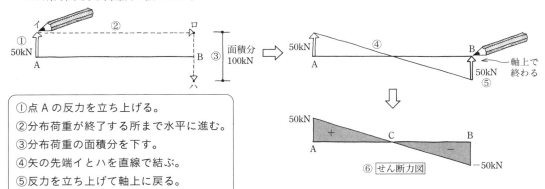

① 点 A の反力を立ち上げる。
② 分布荷重が終了する所まで水平に進む。
③ 分布荷重の面積分を下す。
④ 矢の先端イとハを直線で結ぶ。
⑤ 反力を立ち上げて軸上に戻る。
⑥ 符号、数値を入れて完成。

● 曲げモーメント図の描き方（スパナ化法・面積法）

曲げモーメント図をスパナ化法・面積法で描きます。

① 曲げモーメント図の特徴をつかみ、描くポイントをおさえます。

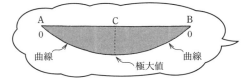

・両端のピン・ローラーでは $M = 0$
・極大値点 C の曲げモーメント M_C を求める。
・曲線のグラフになる。

point $Q = 0$ の点は M 図の極大値

② 荷重点 C の曲げモーメントをスパナのイメージで求めます。引張り側も確認しておきます。

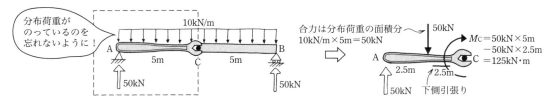

③ 点 C の曲げモーメントを引張り側（下側）にプロットし、曲げモーメント図を完成させます。

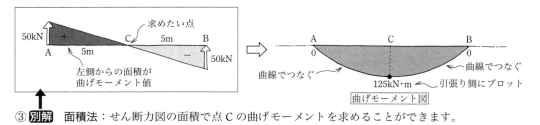

③ **別解** 面積法：せん断力図の面積で点 C の曲げモーメントを求めることができます。

問題2 反力まで算定した次の単純梁について、矢印図法で Q 図を描き、スパナ化法または面積法で M 図を描きなさい。

(1)

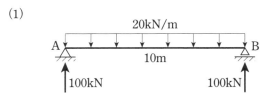

Q 図

(2)

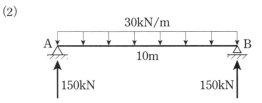

Q 図

M 図

M 図

(3)

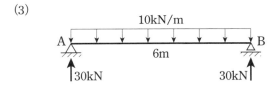

Q 図

(4)

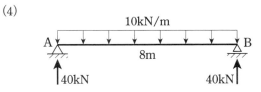

Q 図

M 図

M 図

【3】モーメント荷重

●せん断力図の描き方（矢印図法）

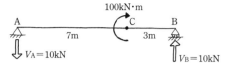

せん断力図を矢印図法で描きます。

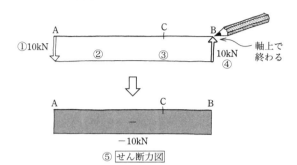

①点Aの反力を矢の方向に下げる。
②力がない所は水平線を引く。
③モーメント荷重は無視。
④反力を立ち上げて軸上に戻る。
⑤符号、数値を入れて完成。

●曲げモーメント図の描き方（スパナ化法）

曲げモーメント図をスパナ化法で描きます。

①曲げモーメント図の特徴をつかみ、描くポイントをおさえます。

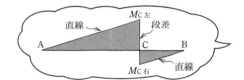

・両端ピン・ローラーで $M = 0$
・モーメント荷重で段差ができる。$M_{C左}$、$M_{C右}$を求める。
・直線グラフになる。

②荷重点C左右の曲げモーメントをスパナのイメージで求めます。引張り側も確認しておきます。

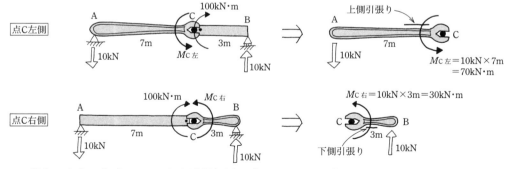

③点C左右の曲げモーメントを引張り側にプロットし、曲げモーメント図を完成させます。

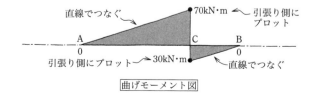

問題3 反力まで算定した次の単純梁について、矢印図法でQ図を描き、スパナ化法でM図を描きなさい。

(1)
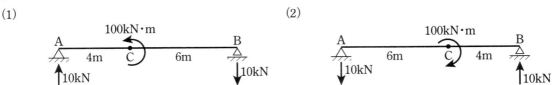

(2)

(3)   (4)
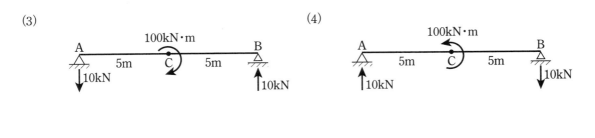

6 部材に生じる力（実戦編）

6·2 部材に生じる力（実戦編）▶梁

【1】 次の単純梁について、矢印図法によってせん断力図を描き、スパナ化法で曲げモーメント図を描きます。

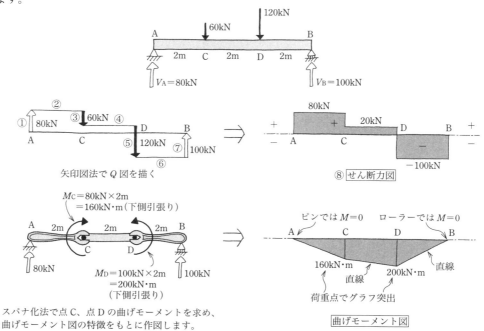

【2】 次の片持ち梁について、矢印図法によってせん断力図を描き、スパナ化法で曲げモーメント図を描きます。

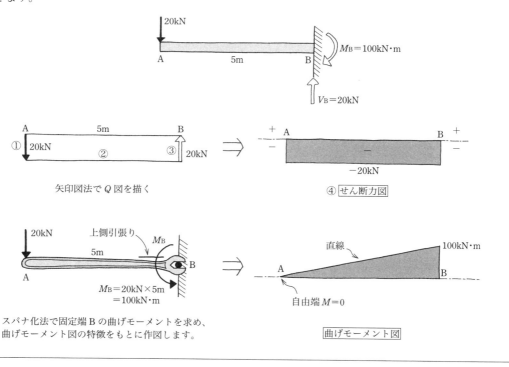

問題 1 反力まで算定した次の梁について、矢印図法で Q 図を描き、スパナ化法で M 図を描きなさい。

(1)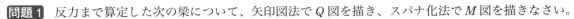
(2)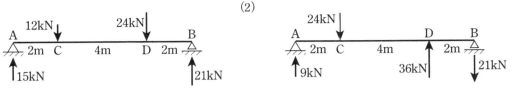

(3)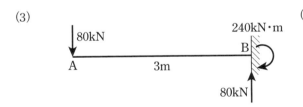
(4)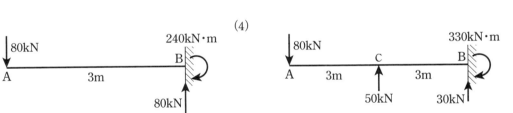

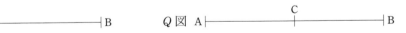

【3】 次の単純梁について、矢印図法によってせん断力図を描き、面積法で曲げモーメント図を描きます。

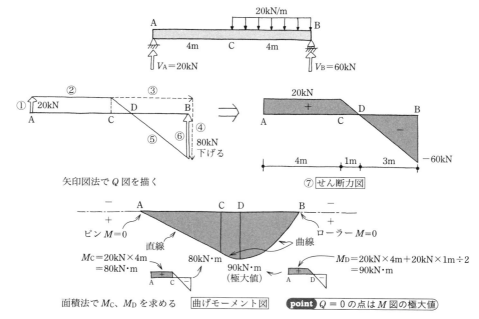

【4】 次の張り出し梁について、矢印図法によってせん断力図を描き、面積法で曲げモーメント図を描きます。

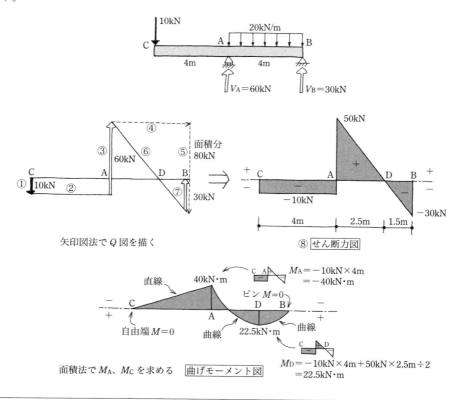

問題2 反力まで算定した次の梁について、矢印図法でQ図を描き、面積図法でM図を描きなさい。

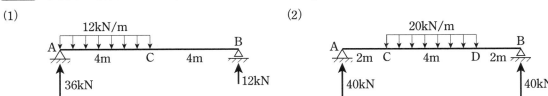

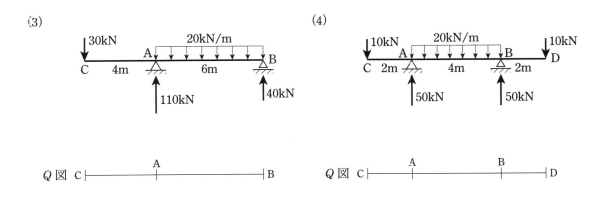

6・3 部材に生じる力（実戦編）▶ラーメン

【1】集中荷重

次の単純ラーメンについて、矢印図法によってせん断力図を描き、スパナ化法で曲げモーメント図を描きます。

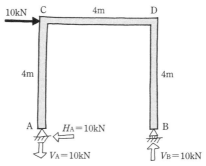

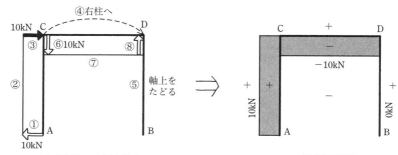

矢印図法でQ図を描く

⑨ せん断力図
符号は外側＋、内側－とします。

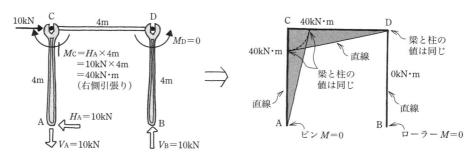

スパナ化法で点C、点Dの曲げモーメントを求め、曲げモーメント図の特徴をもとに作図します。

曲げモーメント図

軸方向力について：柱の軸方向力は、支点の鉛直反力を見ればよい。
　　　　　　　　　梁の軸方向力は、水平力と水平反力との位置関係を見ればよい。

左柱の軸方向力 N_{AC} は鉛直反力 V_A が下向きに引っ張っているので、　$N_{AC} = 10kN$（引張）

右柱の軸方向力 N_{BD} は鉛直反力 V_B が上向きに押しているので、　$N_{BD} = -10kN$（圧縮）

梁の軸方向力 N_{CD} は水平力10KNと水平反力 H_A で釣り合うので、　$N_{CD} = 0kN$

問題 1 次のラーメンの反力を求め、矢印図法によってせん断力図を描き、スパナ化法によって曲げモーメント図を描きなさい。

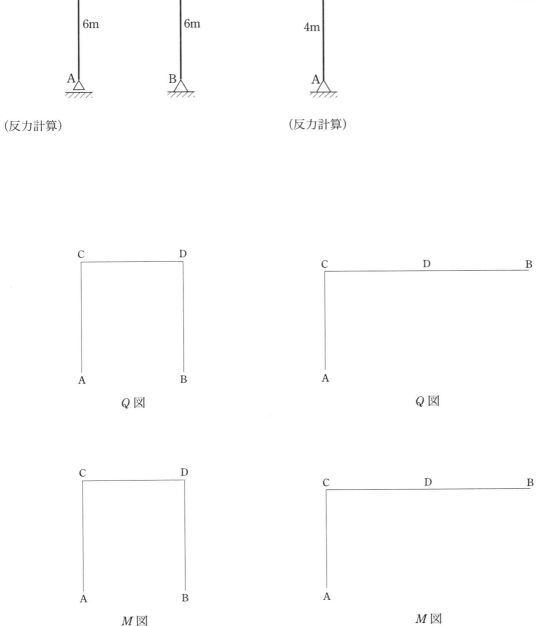

【2】分布荷重

次の単純ラーメンについて、矢印図法によってせん断力図を描き、面積法で曲げモーメント図を描きます。

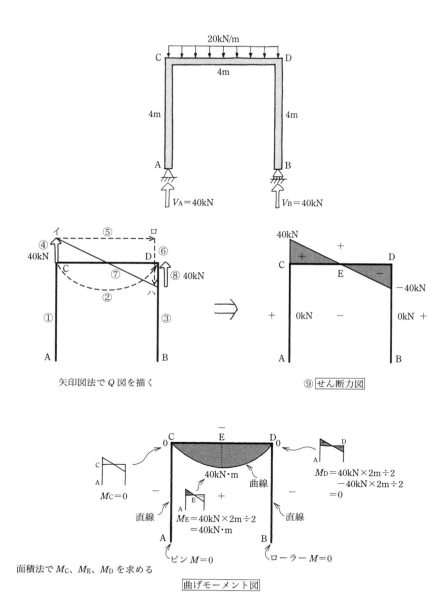

軸方向力について

左右柱とも鉛直反力が上向きに押しているので、　　$N_{AB} = N_{BD} = -40$ kN（圧縮）

梁については、水平力、水平反力ともにないので、　　$N_{CD} = 0$ kN

問題 2 次のラーメンの反力を求め、矢印図法によってせん断力図を描き、面積法によって曲げモーメント図を描きなさい。

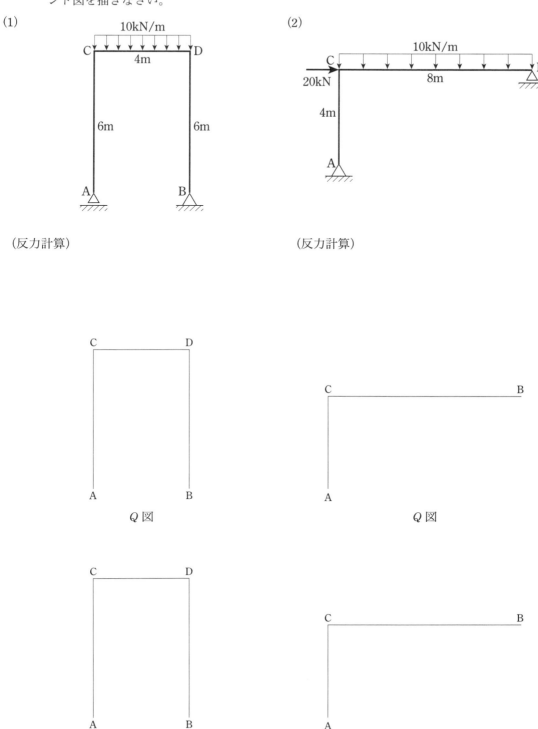

6・4 部材に生じる力（実戦編）▶ 3ヒンジラーメン

次の3ヒンジラーメンについて、反力を求め、矢印図法によってせん断力図を描き、スパナ化法で曲げモーメント図を描きます。

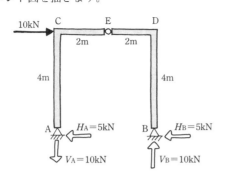

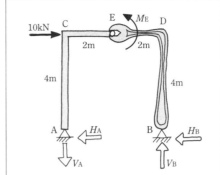

（反力計算）

$\Sigma X = 0$ ： $10 - H_A - H_B = 0$ ⇒ $H_A + H_B = 10$ ……①

$\Sigma Y = 0$ ： $V_B - V_A = 0$ ⇒ $V_A = V_B$ ……②

$\Sigma M_A = 0$ ： $10 \times 4 - V_B \times 4 = 0$ ⇒ $\underline{V_B = 10\text{kN}}$

式②に代入して $\underline{V_A = 10\text{kN}}$

ヒンジでの曲げモーメント＝0より

$\Sigma M_{E右} = 0$ ： $V_B \times 2 - H_B \times 4 = 0$ ⇒ $H_B = \dfrac{V_B}{2} = 5\text{kN}$

式①に代入して $\underline{H_A = 5\text{kN}}$

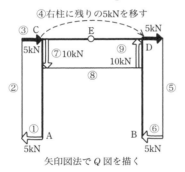

矢印図法でQ図を描く

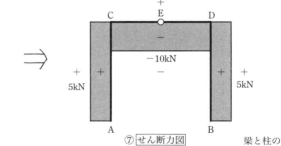

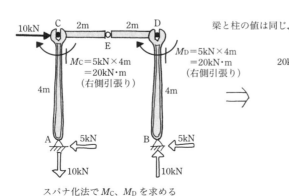

スパナ化法でM_C、M_Dを求める

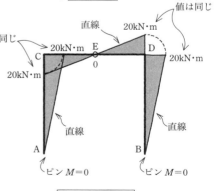

曲げモーメント図

問題1 次のような3ヒンジラーメンを解く過程の問題です。

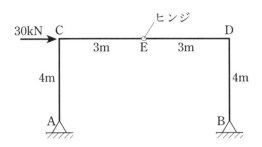

(1) 図中に反力を仮定し、力の釣り合い式より、反力を求めなさい。

(2) 矢印図法によりせん断力図（Q図）を描き、スパナ化法により曲げモーメント図（M図）を描きなさい。

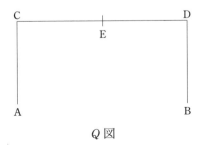

Q図

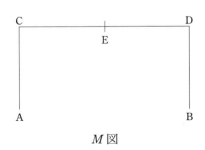

M図

問題2 次のような3ヒンジラーメンについて、反力を求め、せん断力図（Q図）、曲げモーメント図（M図）を描きなさい。

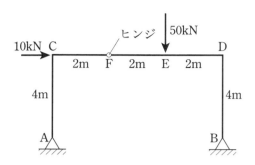

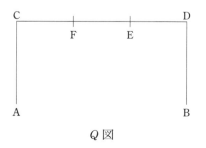

Q図

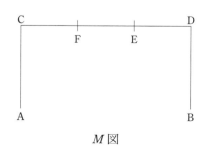

M図

チャレンジ問題 04

図のような単純梁について、A点における曲げモーメントの値を求めなさい。

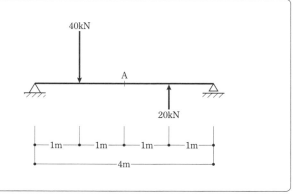

チャレンジ問題 05

図のような外力を受ける静定ラーメンにおいて、支点A、Bに生じる鉛直反力V_A、V_Bの値と、C点に生じるせん断力Q_Cの絶対値を求めなさい。ただし、鉛直反力の方向は、上向きを「＋」、下向きを「－」とする。

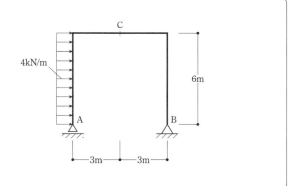

チャレンジ問題 06

図のような外力を受ける3ヒンジラーメンの支点Aに生じる水平反力をH_A、鉛直反力をV_Aとしたとき、それらの比$H_A：V_A$を求めなさい。

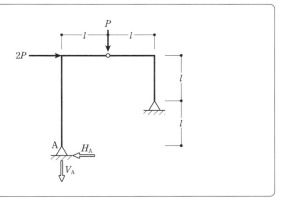

7・1 トラス ▶ 節点法

次のようなトラスの軸方向力を、**節点法**によって求めます。ただし、軸方向力は引張力を＋とします。

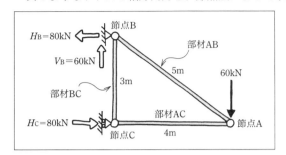

準備として、反力を求めます。

$\Sigma X = 0：\quad H_C - H_B = 0$

$\Sigma Y = 0：\quad V_B - 60 = 0$

$\Sigma M_B = 0：\quad 60 \times 4 - H_C \times 3 = 0$

力の釣り合い式を解いて

$V_B = 60\text{KN} \qquad H_B = 80\text{kN} \qquad H_C = 80\text{kN}$

【節点 A について】

節点 A を取り出して、節点 A から出る方向に軸方向力（N_{AC}、N_{AB}）を設定します。

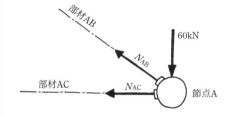

point 軸方向力は節点から出る方向（引張方向）に設定する。

力の釣り合い式により、N_{AC}、N_{AB} を求めます。

$\Sigma X = 0：\quad -\dfrac{4}{5} N_{AB} - N_{AC} = 0$

$\Sigma Y = 0：\quad \dfrac{3}{5} N_{AB} - 60 = 0$

$N_{AC} = -80\text{kN} \qquad N_{AB} = 100\text{kN}$

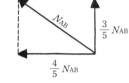

【節点 C について】

節点 C を取り出して、節点 C から出る方向に軸方向力（N_{AC}、N_{BC}）を設定します。

鉛直方向の力の釣り合い式より

$\Sigma Y = 0：\quad N_{BC} = 0$

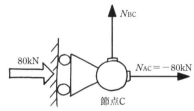

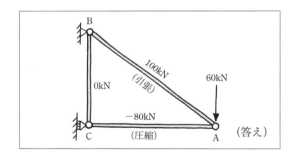

（答え）

問題 1 反力を求め、**節点法**によって全部材の軸方向力を求めなさい。ただし、引張力を＋とする。

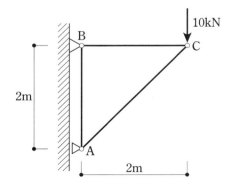

問題2 反力を求め、**節点法**によって全部材の軸方向力を求めなさい。ただし、引張力を＋とする。

(1)

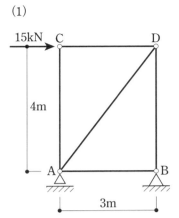

(2)

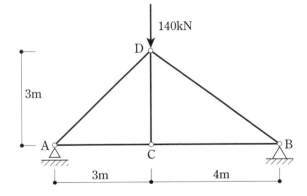

7·2 トラス▶図解法

次のようなトラスの軸方向力を、図解法によって求めます。

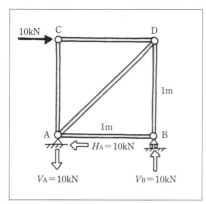

①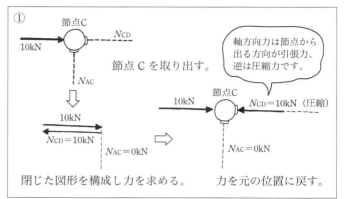

②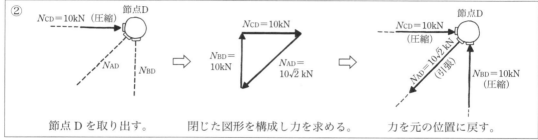

③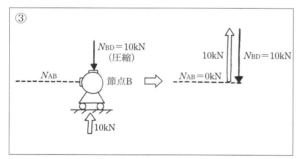

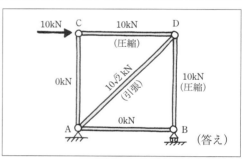

問題1　反力を求め、**図解法**によって全部材の軸方向力を求めなさい。ただし、引張力を＋とする。

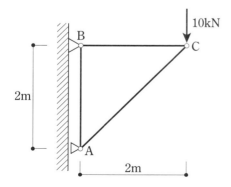

問題2 反力を求め、図解法によって全部材の軸方向力を求めなさい。ただし、引張力を＋とする。

(1)

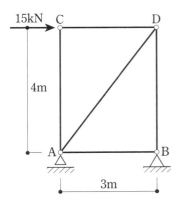

(2)

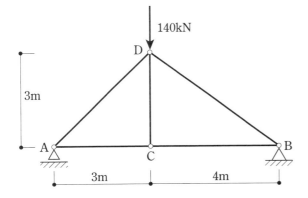

7·3 トラス ▶ 切断法

【1】単純梁型トラス

次のようなトラスの軸方向力 N_{CE}、N_{CF}、N_{DF} を、**切断法**によって求めます。ただし、軸方向力は引張力を＋とします。

単純梁型では、反力を求める必要があります。

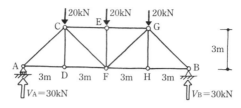

求める部材のところで切断し、片側を取り出し、部材から出ていく方向（引張方向）に、軸方向力 N_{CE}、N_{CF}、N_{DF} を設定します。

切断図について、力の釣り合い式をたてて解き、軸方向力 N_{CE}、N_{CF}、N_{DF} を求めます。

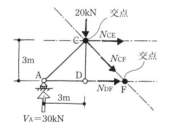

$$\Sigma X = 0 : N_{CE} + \frac{N_{CF}}{\sqrt{2}} + N_{DF} = 0 \quad \cdots\cdots ①$$

$$\Sigma Y = 0 : 30 - 20 - \frac{N_{CF}}{\sqrt{2}} = 0 \quad \Rightarrow \quad N_{CF} = 10\sqrt{2} \text{kN}$$

$$\Sigma M_C = 0 : 30 \times 3 - N_{DF} \times 3 = 0 \quad \Rightarrow \quad N_{DF} = 30 \text{kN}$$

（答え）

①式に $N_{CF} = 10\sqrt{2}$ kN、$N_{DF} = 30$ kN を代入して $N_{CE} = -40$ kN

point モーメントの釣り合い式は未知の軸方向力作用線の交点を使いましょう。

【2】片持ち梁型トラス

次のようなトラスの軸方向力 N_{AC}、N_{AD}、N_{BD} を、切断法によって求めます。

片持ち梁型では、反力を求める必要はありません。

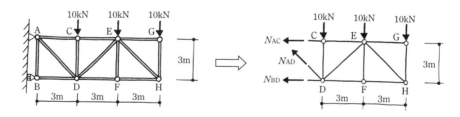

右の図のように、求める部材のところで切断し、反力のない側を取り出し、部材から出ていく方向に、軸方向力 N_{AC}、N_{AD}、N_{BD} を設定します。反力のない側を使えば、反力計算は不要になるのです。

切断図について、力の釣り合い式をたてて解き、軸方向力 N_{AC}、N_{AD}、N_{BD} を求めます。

$$\Sigma X = 0 : -N_{AC} - \frac{N_{AD}}{\sqrt{2}} - N_{BD} = 0 \quad \cdots\cdots ①$$

$$\Sigma Y = 0 : \frac{N_{AD}}{\sqrt{2}} - 10 - 10 - 10 = 0 \quad \Rightarrow \quad N_{AD} = 30\sqrt{2} \text{kN}$$

$$\Sigma M_D = 0 : 10 \times 3 + 10 \times 6 - N_{AC} \times 3 = 0 \quad \Rightarrow \quad N_{AC} = 30 \text{kN}$$

（答え）

①式に $N_{AD} = 30\sqrt{2}$ kN、$N_{AC} = 30$ kN を代入して $N_{BD} = -60$ kN

問題1 次の単純梁型トラスの部材①、②、③の軸方向力を**切断法**によって求めなさい。ただし引張力を＋とする。

(1)

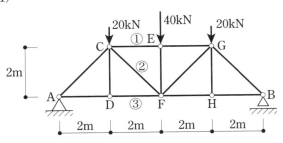

切断図

$N_1 =$　　　　　　　$N_2 =$　　　　　　　$N_3 =$

(2)

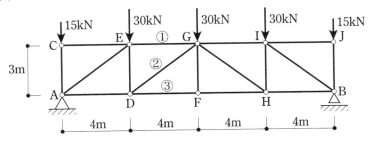

切断図

$N_1 =$　　　　　　　$N_2 =$　　　　　　　$N_3 =$

問題2 次の片持ち型トラスの部材①、②、③の軸方向力を**切断法**で求めなさい。ただし引張力を＋とする。

(1)

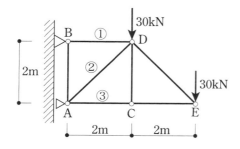

切断図

$N_1 =$ $N_2 =$ $N_3 =$

(2)

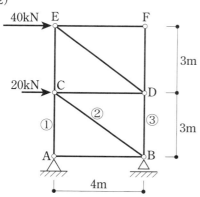

切断図

$N_1 =$ $N_2 =$ $N_3 =$

問題3 次のトラスの部材①、②、③の軸方向力を**切断法**で求めなさい。ただし引張力を＋とする。

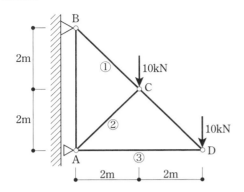

切断図

$N_1 =$　　　　　　$N_2 =$　　　　　　$N_3 =$

チャレンジ問題 07

図のような外力を受ける静定トラスにおいて、部材Aに生じる軸方向力の値を求めなさい。ただし、軸方向力は引張力を「＋」、圧縮力を「－」とする。

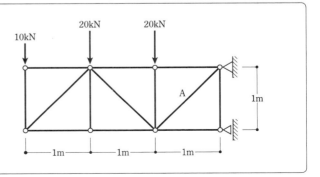

8・1 断面に関する数量 ▶ 図心・断面1次モーメント

図に示す断面の図心の位置 (x、y) を求めます。

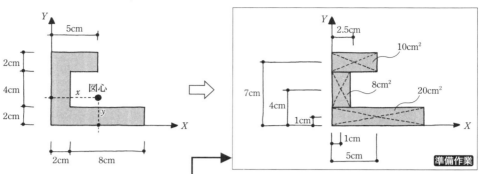

[手順1] 準備作業をします。
・断面を長方形に分割します。
・分割した長方形の断面積を求めます。
・X、Y それぞれの軸から各長方形の図心までの距離を求めておきます。

[手順2] 次の式にしたがって図心の位置を求めます。

$$\text{図心位置} = \frac{(断面積 \times 図心までの距離)の総和}{全断面積} = \frac{断面1次モーメント}{全断面積}$$

● X 軸について

$$y = \frac{20 \times 1 + 8 \times 4 + 10 \times 7}{20 + 8 + 10} = 3.21 \text{cm}$$

● Y 軸について

$$x = \frac{20 \times 5 + 8 \times 1 + 10 \times 2.5}{20 + 8 + 10} = 3.50 \text{cm}$$

$(x, y) = (3.50\text{cm}, 3.21\text{cm})$ （答え）

[問題1] 次の断面の断面積 A と図心の位置 y を求めなさい。

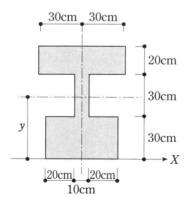

$A =$ \hspace{3cm} $y =$

問題2 次の断面の断面積 A と図心の位置 $(x、y)$ を求めなさい。

(1)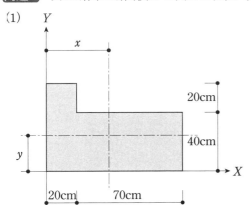

$A =$ _____ $(x、y) = ($ _____ 、 _____ $)$

(2)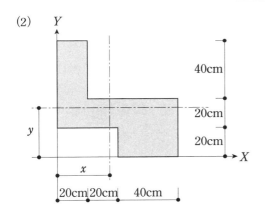

$A =$ _____ $(x、y) = ($ _____ 、 _____ $)$

チャレンジ問題 08

図のような L 形断面において、図心の座標 $(x、y)$ の値を求めなさい。

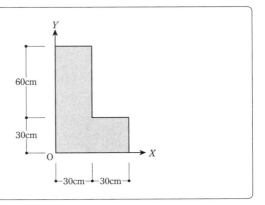

8・2 断面に関する数量 ▶ 断面2次モーメント・断面係数

【1】図心軸に関する断面2次モーメント I、断面係数 Z

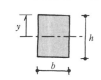

[断面2次モーメント I]

$$I = \frac{bh^3}{12}$$

[断面係数 Z]

$$Z = \frac{I}{y}$$

次の断面について、x 軸および y 軸に関する断面2次モーメント、断面係数を求めます。

(1)

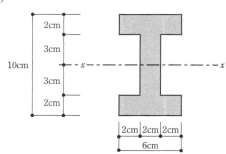

$$I_x = \frac{6 \times 10^3}{12} - 2 \times \frac{2 \times 6^3}{12} = 428 \text{cm}^4 \quad \text{(答え)}$$

$$Z_x = \frac{428 \text{cm}^4}{5 \text{cm}} = 85.6 \text{cm}^3 \quad \text{(答え)}$$

(2)

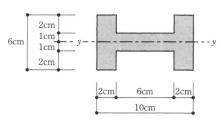

$$I_y = \frac{2 \times 6^3}{12} + \frac{6 \times 2^3}{12} + \frac{2 \times 6^3}{12} = 76 \text{cm}^4 \quad \text{(答え)}$$

$$Z_y = \frac{76 \text{cm}^4}{3 \text{cm}} ≒ 25.3 \text{cm}^3 \quad \text{(答え)}$$

問題1 次に示す断面の図心軸に関する断面2次モーメント I、断面係数 Z を求めなさい。

(1)

(2)

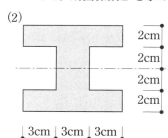

$I =$　　　　　$Z =$　　　　　　　　　$I =$　　　　　$Z =$

問題2 次に示す断面の図心軸に関する断面2次モーメント I、断面係数 Z を求めなさい。

(1)

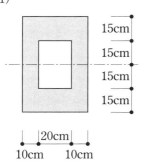

$I=$　　　　　$Z=$

(2)

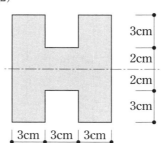

$I=$　　　　　$Z=$

(3)

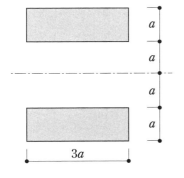

$I=$　　　　　$Z=$

(4)

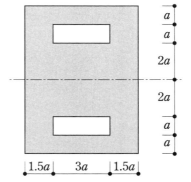

$I=$　　　　　$Z=$

【2】離れた軸に関する断面2次モーメント

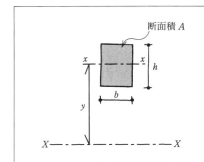

離れた軸に関する断面2次モーメント I_X を求めます。

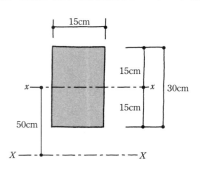

$$I_X = \frac{15 \times 30^3}{12} + (15 \times 30) \times 50^2$$
$$= 1158750 \text{cm}^4 \quad （答え）$$

問題3 **問題1** の結果を用いて、次の断面の X 軸に関する断面2次モーメント I_X を求めなさい。

(1)

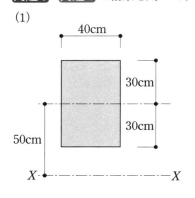

(2)

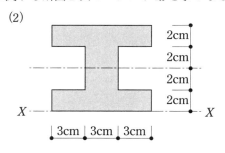

$I_X =$ _____ $\qquad I_X =$ _____

問題 4 次のＴ形断面の図心軸（x軸）に関する断面２次モーメントI_xを求める問題です。

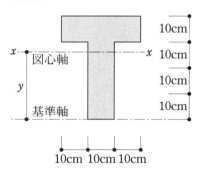

(1) 基準軸から図心軸（x軸）までの距離yを求めなさい。

$y = $ _____

(2) 離れた軸に関する断面２次モーメントの公式を用いて、x軸に関する断面２次モーメントI_xを求めなさい。

$I_x = $ _____

チャレンジ問題 09

図のような断面のx軸およびy軸に関する断面二次モーメントをそれぞれI_x、I_yとしたとき、それらの比$I_x : I_y$を求めなさい。

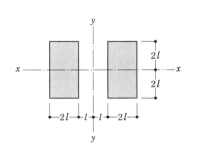

9・1 応力度 ▶ 軸応力度・伸び

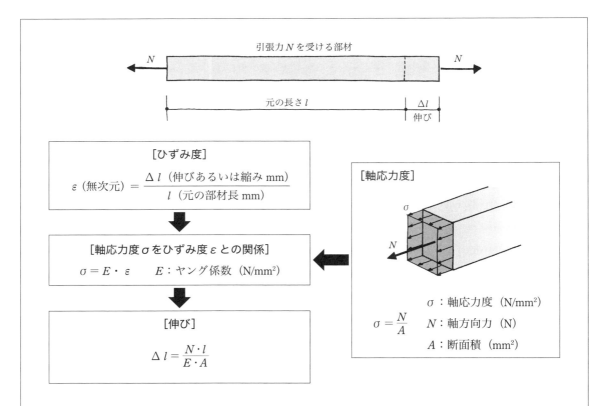

上の式にもとづいて、図の棒に生じる引張応力度、ひずみ度、伸びを求めてみます。
ただし、棒のヤング係数 $E = 10000\text{N/mm}^2$ とします。

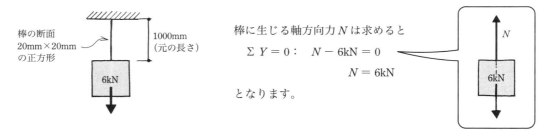

○引張応力度 σ_t (N/mm²) を求めてみます。

$$\sigma_t = \frac{N}{A} = \frac{6000\text{N}}{20\text{mm} \times 20\text{mm}} = 15\text{N/mm}^2 \quad \text{(答え)}$$

○棒の伸び Δl (mm) を求めてみます。

$$\Delta l = \frac{N \cdot l}{E \cdot A} = \frac{6000\text{N} \times 1000\text{mm}}{10000\text{N/mm}^2 \times 400\text{mm}^2} = 1.5\text{mm} \quad \text{(答え)}$$

○ひずみ度 ε を求めてみます。

$$\varepsilon = \frac{\Delta l}{l} = \frac{1.5}{1000\text{mm}} = 0.0015 \quad \text{(答え)}$$

問題1 図のように、天井から長さ2m（2000mm）の部材で重量が10kNの荷物を吊るしました。次の問いに答えなさい。ただし、材のヤング係数 $E = 50 \times 10^3 \text{N/mm}^2$ とします。

(1) 材にかかる引張力 N_t（kN）を求めなさい。

$N_t =$ _____

(2) 棒の断面は1辺10mmの正方形である。棒の断面積 A（mm²）を求めなさい。

$A =$ _____

(3) 材に作用する引張応力度 σ_t（N/mm²）を求めなさい。

$\sigma_t =$ _____

(4) 棒の伸び Δl（mm）を求めなさい。

$\Delta l =$ _____

(5) 棒のひずみ度 ε を求めなさい。

$\varepsilon =$ _____

問題2 図のように梁が力を受ける場合、梁の伸びによってローラー支点Bは右方向に何mm移動しますか。ただし、ヤング係数 $E = 2000 \text{N/mm}^2$ であり、梁の断面は図の通りである。

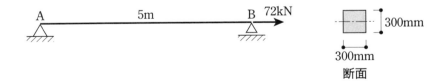

点Bは右に _____ mm 移動する。

9・2 応力度 ▶ 曲げ応力度・せん断力度

[曲げ応力度]

$\sigma_b = \dfrac{M}{Z}$

σ_b：曲げ応力度（上下端の値）（N/mm²）
M：曲げモーメント（N・mm）
Z：断面係数（mm³）

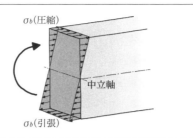

[せん断応力度] 長方形断面

$\tau = 1.5 \times \dfrac{Q}{A}$

τ：せん断応力度（中央の値）（N/mm²）
Q：せん断力（N）
A：断面積（mm²）

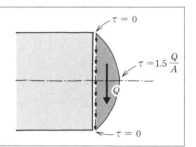

図の単純梁に生じる最大曲げ応力度 σ_{bmax}、最大せん断応力度 τ_{max} を求めてみます。

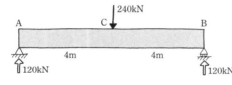

① せん断力図、曲げモーメント図を描き、Q_{max}、M_{max} を求めます。

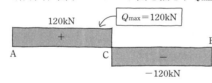
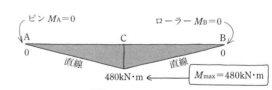

② 断面積 A、断面係数 Z を求めます。

断面積 $A = 600\text{mm} \times 1000\text{mm} = 600 \times 10^3 \text{mm}^2$

（断面積は 10^3 でまとめるとよい）

断面係数 $Z = \dfrac{600\text{mm} \times 1000\text{mm} \times 1000\text{mm}}{6} = 100 \times 10^6 \text{mm}^3$

（断面係数は 10^6 でまとめるとよい）

③ 最大曲げ応力度 σ_{bmax}、最大せん断応力度 τ_{max} を求めます。

最大せん断応力度　$\tau_{max} = 1.5 \times \dfrac{Q_{max}}{A}$

（$1\text{kN} = 10^3 \text{N}$）

$= 1.5 \times \dfrac{120\text{kN}}{600 \times 10^3 \text{mm}^2} = 1.5 \times \dfrac{120 \times 10^3 \text{N}}{600 \times 10^3 \text{mm}^2} = 0.3 \text{N/mm}^2$　（答え）

最大曲げ応力度　$\sigma_{bmax} = \dfrac{M_{max}}{Z}$

（$1\text{kN}\cdot\text{m} = 10^6 \text{N}\cdot\text{mm}$）

$= \dfrac{480\text{kN}\cdot\text{m}}{100 \times 10^6 \text{mm}^3} = \dfrac{480 \times 10^6 \text{N}\cdot\text{mm}}{100 \times 10^6 \text{mm}^3} = 4.8 \text{N/mm}^2$　（答え）

問題1 次の手順にしたがって、図の単純梁の最大曲げ応力度 $\sigma_{b\,max}$、最大せん断応力度 τ_{max} を求めなさい。

(1) 反力を求め、問題図中に描き込みなさい。

(2) せん断力図、曲げモーメント図を描き、最大せん断力 Q_{max}、最大曲げモーメント M_{max} を求めなさい。

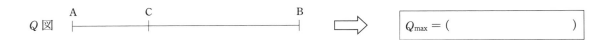

$Q_{max} = (\qquad\qquad)$

$M_{max} = (\qquad\qquad)$

(3) 断面積 A、断面係数 Z を求めなさい。

$A = \qquad\qquad Z =$

(4) 最大曲げ応力度 $\sigma_{b\,max}$、最大せん断応力度 τ_{max} を求め、各応力度の分布を図示しなさい。

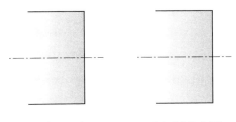

曲げ応力度　　　せん断応力度

$\sigma_{b\,max} = \qquad\qquad \tau_{max} =$

9・3 応力度▶許容応力度

【1】許容応力度設計

部材に生じる応力度 ≦ 部材に使用している材料の許容応力度

であれば安全である。

図の単純梁に使用している材料の許容曲げ応力度 $f_b = 5.0 \text{N/mm}^2$

許容せん断応力度 $f_S = 1.0 \text{N/mm}^2$ であれば

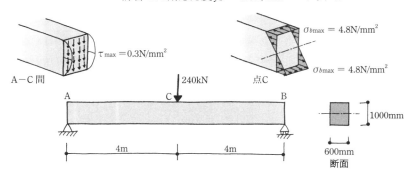

$\sigma_{b\max} = 4.8 \text{N/mm}^2 < f_b = 5.0 \text{N/mm}^2$

$\tau_{\max} = 0.3 \text{N/mm}^2 < f_S = 1.0 \text{N/mm}^2$ であるから安全である。

【2】許容曲げモーメント

図のように断面の縁応力度(断面内の最大曲げ応力度)が許容曲げ応力度に達するときの曲げモーメントを許容曲げモーメント M_0 といいます。

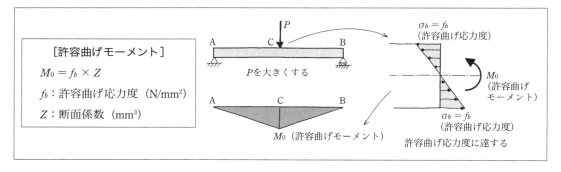

[許容曲げモーメント]

$M_0 = f_b \times Z$

f_b:許容曲げ応力度(N/mm²)

Z:断面係数(mm³)

次の断面を有する部材の許容曲げモーメント M_0 を求めます。ただし、部材の許容曲げ応力度 $f_b = 20 \text{N/mm}^2$ である。

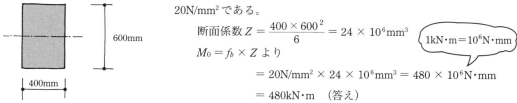

断面係数 $Z = \dfrac{400 \times 600^2}{6} = 24 \times 10^6 \text{mm}^3$

$M_0 = f_b \times Z$ より

$= 20 \text{N/mm}^2 \times 24 \times 10^6 \text{mm}^3 = 480 \times 10^6 \text{N·mm}$

$= 480 \text{kN·m}$ (答え)

（$1 \text{kN·m} = 10^6 \text{N·mm}$）

[梁の曲げ強さ]

許容曲げモーメント $M_0 = f_b \times Z$ より、

材料が同じであれば、**断面係数 Z が大きいほど、曲げに強い部材**となります。

問題1 許容応力度設計法にもとづいて、次の単純梁の安全性を検討しなさい。

ただし、部材の許容曲げ応力度$f_b = 20\text{N/mm}^2$、許容せん断応力度$f_s = 2.0\text{N/mm}^2$である。

(1)
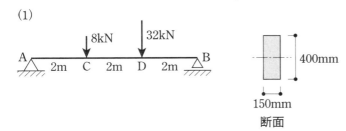

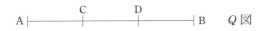

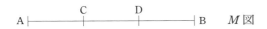

OK ・ NG

(2)
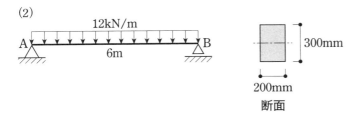

A ├────────┼────────┤ B Q図

A ├────────┼────────┤ B M図

OK ・ NG

問題2 次のような長方形断面を有する梁について、(1) 立てた場合と (2) 寝かせた場合の許容曲げモーメント M_0 (kN・m) を求めなさい。ただし、許容曲げ応力度 $f_b = 20\text{N/mm}^2$ である。

(1)　　　　　　　　　　　　　　　　　　　　(2)

　　　$M_0 =$ _____　　　　　　$M_0 =$ _____

問題3 問題2の梁は (1)(2) どちらの方向で使用する方が曲げに対して強いですか。理由を添えて答えなさい。

　　(　　　)　　理由：

問題4 次のような単純梁について、梁が許容曲げモーメントに達するときの荷重 P(kN) の値を求めなさい。ただし、許容曲げ応力度 $f_b = 156\text{N/mm}^2$ である。

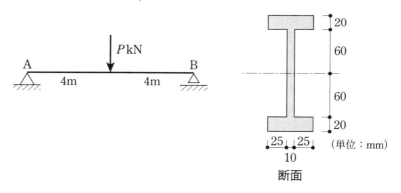

　　　　　　　　　　　　　　　　　　　　　　　　　　　$P =$ _____

チャレンジ問題 10

図のような等分布荷重を受ける単純梁に100mm×300mmの部材を用いた場合、A点に生じる最大曲げ応力度（N/mm²）を求めなさい。ただし、部材の断面は一様とし、自重は無視するものとする。

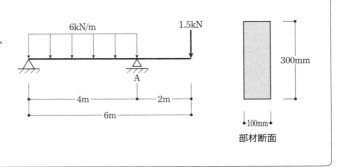

チャレンジ問題 11

図のような長方形断面を有する木造の梁のX軸についての許容曲げモーメント（kN·m）を求めなさい。ただし、梁材の許容曲げ応力度は、12N/mm²とする。

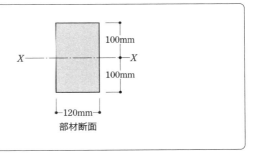

チャレンジ問題 12

図のような荷重を受ける単純梁に、断面100mm×300mmの部材を用いた場合、その部材が許容曲げモーメントに達するときの荷重P(kN)の値を求めなさい。ただし、部材の許容曲げ応力度は20N/mm²とし、自重は無視するものとする。

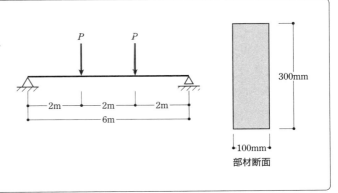

9・4 応力度 ▶ 組合せ応力度

　図のように曲げモーメントMと軸方向力Nが同時に作用する部材の応力度は、曲げ応力度と軸応力度との足し算によって応力度を算定します。

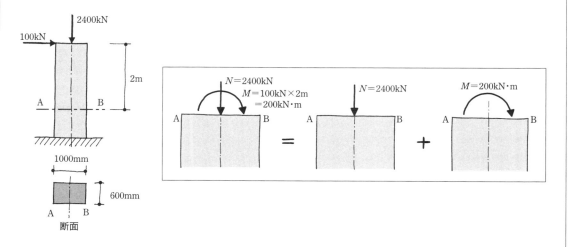

断面積A、断面係数Zを算定します。

point 断面係数Zは中立軸に注意！

$$断面積 A = 600\text{mm} \times 1000\text{mm} = 600 \times 10^3 \text{mm}^2$$

$$断面係数 Z = \frac{600\text{mm} \times 1000\text{mm} \times 1000\text{mm}}{6} = 100 \times 10^6 \text{mm}^3$$

圧縮応力度σ_c、曲げ応力度σ_bをそれぞれ算定します。

$$圧縮応力度\ \sigma_c = \frac{2400\text{kN}}{600 \times 10^3 \text{mm}^2} = \frac{2400 \times 10^3 \text{N}}{600 \times 10^3 \text{mm}^2} = 4.0\text{N/mm}^2$$

$$曲げ応力度\ \sigma_b = \frac{200\text{kN}}{100 \times 10^6 \text{mm}^3} = \frac{200 \times 10^6 \text{N·mm}}{100 \times 10^6 \text{mm}^3} = 2.0\text{N/mm}^2$$

圧縮応力度σ_c、曲げ応力度σ_bを足し合わせることによって、組合せ応力度を求めます。

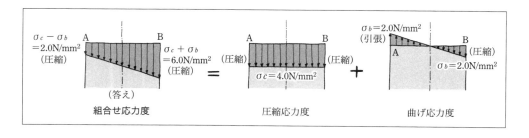

問題1 底面 A-A′ に生じる組合せ応力度（軸応力度＋曲げ応力度）を求め、図示しなさい。

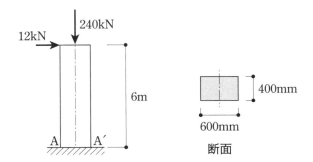

(1) 底面 A-A′ に生じる圧縮力 N と曲げモーメント M を求めなさい。

$N=$　　　　　　　　　$M=$

(2) 底面 A-A′ の断面積 A と断面係数 Z を求めなさい。

$A=$　　　　　　　　　$Z=$

(3) 底面 A-A′ の圧縮応力度 σ_c と曲げ応力度 σ_b を求めなさい。

$\sigma_c=$　　　　　　　　　$\sigma_b=$

(4) 圧縮応力度と曲げ応力度を足し合わせて、底面 A-A′ の組合せ応力度分布を図化しなさい。ただし、線の上側を引張り側、下側を圧縮側とします。

組合せ応力度　　　　　　圧縮応力度　　　　　　曲げ応力度

10 座屈

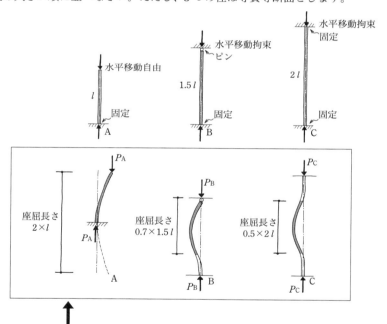

[座屈荷重]

座屈荷重 $P_k = \dfrac{\pi^2 EI}{l_k^2}$

π：円周率（3.1415……）
E：ヤング係数（N/mm²）
I：断面2次モーメント（mm⁴）
l_k：座屈長さ（mm）

支点条件	両端ピン	ピン・固定	両端固定	両端固定	自由・固定
水平移動条件	水平移動拘束			水平移動自由	
座屈形状	[基本型](a)	(b)	(c)	(d)	(e)
座屈長さ	l	$0.7l$	$0.5l$	l	$2l$

【1】座屈長さ

次のような座屈長さが異なる3本の柱A、B、Cがあります。それぞれの座屈荷重をP_A、P_B、P_Cとします。座屈荷重の大きい順に並べなさい。ただし、3つの柱は等質等断面とします。

座屈荷重公式より、座屈長さは長いほど座屈荷重は小さくなります。座屈長さはそれぞれ

$l_{kA} = 2l$

$l_{kB} = 0.7 \times 1.5l = 1.05l$

$l_{kC} = 0.5 \times 2l = l$

$\Rightarrow\ l_{kC} < l_{kB} < l_{kA}$

座屈荷重の大小関係は座屈長さの大小関係の逆です。　$\Rightarrow\ P_C > P_B > P_A$　（答え）

問題1 次の柱について問いに答えなさい。

(1) 図の柱の座屈形状を描きなさい。

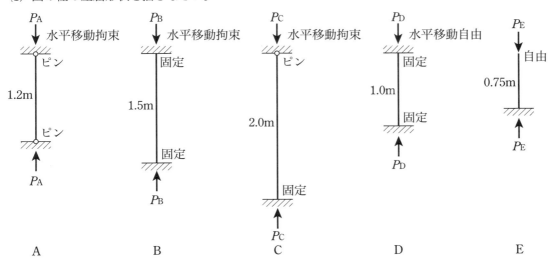

(2) 座屈長さ l_k を求め、長い順に並べなさい。

$l_{kA} =$　　　　　$l_{kB} =$　　　　　$l_{kC} =$　　　　　$l_{kD} =$　　　　　$l_{kE} =$

長　　　　＞　　　　＞　　　　＞　　　　＞　　　　短

(3) 座屈荷重の大きい順に並べなさい。ただし、柱はすべて等質等断面とします。

大　　　　＞　　　　＞　　　　＞　　　　＞　　　　小

チャレンジ問題 13

図のような材の長さ及び材端の支持条件が異なる柱 A、B、C の座屈荷重をそれぞれ P_A、P_B、P_C としたとき、それらの大小関係を示しなさい。ただし、全ての柱の材質及び断面形状は同じものとする。

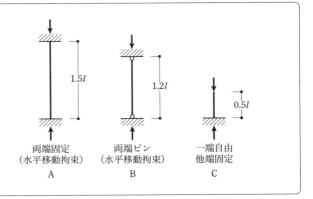

10 座屈

【2】断面2次モーメント

図(a)のような柱を作ります。図(b)のような2種類の柱断面 A、B があります（等質）。A、B どちらを使った方が座屈しにくい（座屈荷重が大きい）でしょうか。

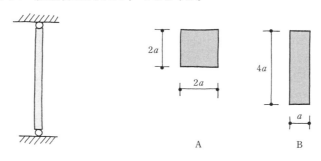

(a) 作成する柱　　　　　(b) 柱の断面

座屈荷重の公式より、座屈荷重は断面2次モーメントが大きい方が大きくなります。したがって断面2次モーメントを比較します。ただし、断面2次モーメントは右の図のように<u>弱軸</u>について求めなくてはなりません。

$I_A > I_B$

なので、A の方が座屈しにくい。（答え）

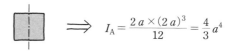

$$I_A = \frac{2a \times (2a)^3}{12} = \frac{4}{3}a^4$$

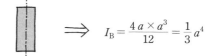

$$I_B = \frac{4a \times a^3}{12} = \frac{1}{3}a^4$$

問題2 図の断面の x 軸、y 軸に関する断面2次モーメントを求め、弱軸はどちらの軸か答えなさい。

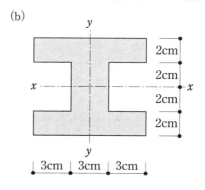

(a)　$I_x =$ 　　　　　　$I_y =$

弱軸は（　　）軸である。

(b)　$I_x =$ 　　　　　　$I_y =$

弱軸は（　　）軸である。

材質、長さ、支点条件が同じであれば、断面 (a)、(b) どちらの部材を使った方が座屈しにくいでしょうか。理由を添えて答えなさい。

（　　）を使った方が座屈しにくい。　　理由：

問題3 図のような支持条件で同一材質からなる柱 A、B、C の座屈荷重を P_A、P_B、P_C とします。座屈荷重の大きい順に並べなさい。

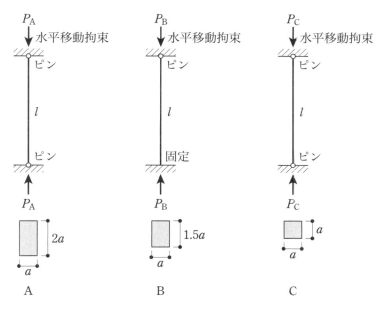

　P_A　>　P_B　>　P_C

チャレンジ問題 14

図のような長さ l の柱（材端条件は、両端ピン、水平移動拘束）を A、B、C の断面をもつ材で作成する。それぞれの座屈荷重を P_A、P_B、P_C としたとき、それらの大小関係を示しなさい。ただし、それぞれの柱は同一の材質とする。

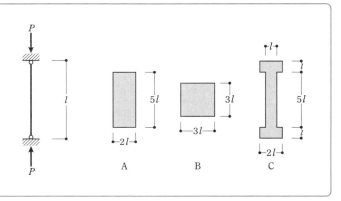

11·1 たわみ ▶ たわみ・たわみ角公式

代表的な梁のたわみ、たわみ角

		たわみ δ	たわみ角 θ
①	梁の長さ l / P / δ / θ	$\delta = \dfrac{P l^3}{3 EI}$	$\theta = \dfrac{P l^2}{2 EI}$
②	梁の長さ l / w / δ / θ	$\delta = \dfrac{w l^4}{8 EI}$	$\theta = \dfrac{w l^3}{6 EI}$
③	梁の長さ l / P / θ / δ	$\delta = \dfrac{P l^3}{48 EI}$	$\theta = \dfrac{P l^2}{16 EI}$
④	梁の長さ l / w / θ / δ	$\delta = \dfrac{5 w l^4}{384 EI}$	$\theta = \dfrac{w l^3}{24 EI}$

E：ヤング係数　　I：断面２次モーメント

問題1　上の表を見ながら、次の文章中（　　　）の中に適切な語句を○で囲みなさい。

(1) 荷重が大きくなると、たわみ・たわみ角は（ 大きく・小さく ）なる。

(2) 部材の長さが大きくなると、たわみ・たわみ角は（ 大きく・小さく ）なる。

(3) ヤング係数が大きくなると、たわみ・たわみ角は（ 大きく・小さく ）なる。

(4) 断面２次モーメントが大きくなると、たわみ・たわみ角は（ 大きく・小さく ）なる。

問題2　上の表を見ながら、次の文章中（　　　）の中に適切な数値を記入しなさい。

(1) ③のたわみ角に対して①のたわみ角は（　　　　）倍である。

(2) ③のたわみに対して①のたわみは（　　　　）倍である。

(3) ④のたわみ角に対して②のたわみ角は（　　　　）倍である。

(4) ④のたわみに対して②のたわみは（　　　　）倍である。

問題3 図の片持ち梁のたわみδについて次の問いに答えなさい。

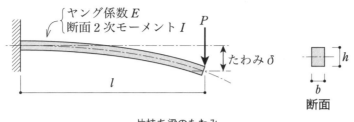

片持ち梁のたわみ

[片持ち梁のたわみ式]
$$\delta = \frac{Pl^3}{3EI}$$

(1) 荷重 P が 4 倍になるとたわみ δ は何倍になりますか。

_____ 倍

(2) 梁の長さ l が 3 倍になるとたわみ δ は何倍になりますか。

_____ 倍

(3) ヤング係数 E が $\frac{1}{2}$ 倍になるとたわみ δ は何倍になりますか。

_____ 倍

(4) 断面 2 次モーメント I が 2 倍になるとたわみ δ は何倍になりますか。

_____ 倍

(5) 梁幅 b が 3 倍になるとたわみ δ は何倍になりますか。

_____ 倍

(6) 梁せいが $\frac{1}{2}$ 倍になるとたわみ δ は何倍になりますか。

_____ 倍

チャレンジ問題 15

図のような単純梁A及び片持ち梁Bの最大たわみ δ_A 及び δ_B が等しくなるときの P_B (kN) の値を求めなさい。ただし、梁A及びBは等質等断面の弾性部材とし、自重は無視する。

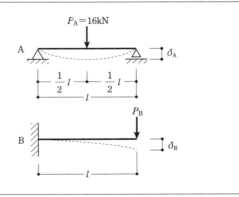

11・2 たわみ ▶ たわみの求め方

次の図のように2つの荷重を受ける片持ち梁の点Cにおけるたわみδ_Cを求めます。

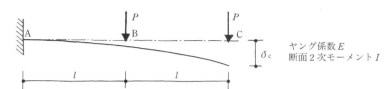

ヤング係数E
断面2次モーメントI

次のように、荷重を分けて考えます。$\delta_C = \delta_1 + \delta_2 + \delta_3$ となります。

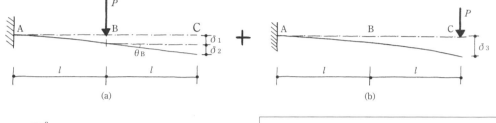

(a) + (b)

$\delta_1 = \dfrac{Pl^3}{3EI}$

$\delta_2 = \theta_B \times l = \dfrac{Pl^2}{2EI} \times l = \dfrac{Pl^3}{2EI}$

$\delta_3 = \dfrac{P(2l)^3}{3EI} = \dfrac{8Pl^3}{3EI}$

$\delta_C = \dfrac{Pl^3}{3EI} + \dfrac{Pl^3}{2EI} + \dfrac{8Pl^3}{3EI} = \dfrac{7Pl^3}{2EI}$　（答え）

$\sin\theta_B = \dfrac{\delta_2}{l}$
θ_Bは微小なので
$\theta_B \fallingdotseq \dfrac{\delta_2}{l}$
$\Rightarrow \delta_2 = \theta_B \times l$

問題1 次の片持ち梁の変形を描き、点Cにおけるたわみδ_Cを求めなさい。
ただし、ヤング係数E、断面2次モーメントIとします。

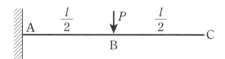
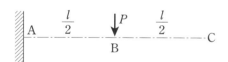

変形図

$\delta_C = $ _____

問題 2 **問題 1** の結果をもとに、次の片持ち梁の点 C におけるたわみ δ_C を求めなさい。

ただし、ヤング係数 E、断面 2 次モーメント I とします。

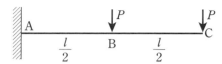

$\delta_C =$ _____

問題 3 次の片持ち梁の点 C におけるたわみ δ_C を求めなさい。

ただし、ヤング係数 E、断面 2 次モーメント I とします。

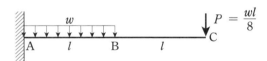

$\delta_C =$ _____

12·1 不静定構造の基礎 ▶ モーメント荷重

モーメント荷重を点Bに受ける不静定ラーメンの曲げモーメント図を描きます。

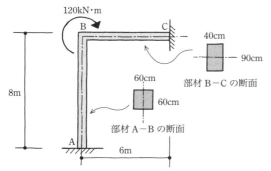

[剛度]

$$K = \frac{I}{l}$$

K：剛度（mm³）
I：断面2次モーメント（mm⁴）
l：部材長（mm）

各部材の剛度を求め、剛比（剛度の比）を算定します。

● 柱（部材 A-B）について

断面2次モーメント $I_{AB} = \dfrac{60 \times 60^3}{12} = 1080000 \text{cm}^4$

部材長 $l_{AB} = 8\text{m} = 800\text{cm}$

剛度 $K_{AB} = \dfrac{1080000\text{cm}^4}{800\text{cm}} = 1350\text{cm}^3$

● 梁（部材 B-C）について

断面2次モーメント $I_{BC} = \dfrac{40 \times 90^3}{12} = 2430000 \text{cm}^4$

部材長 $l_{BC} = 6\text{m} = 600\text{cm}$

剛度 $K_{BC} = \dfrac{2430000\text{cm}^4}{600\text{cm}} = 4050\text{cm}^3$

⇒ 剛比 $k_{AB} : k_{BC} = K_{AB} : K_{BC} = 1350 : 4050 = \underline{1 : 3}$

曲げモーメントの伝わり方から、各材端の曲げモーメントを求めます。

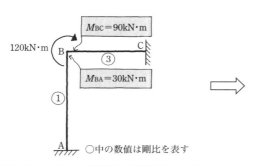

点Bのモーメントは剛比で分配されます。　　固定端には曲げモーメントが半分伝わります。

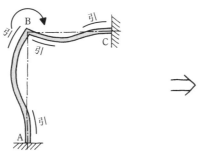

変形を描き、引張り側にグラフを出して曲げモーメント図を完成させます。

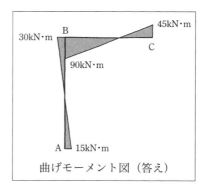

曲げモーメント図（答え）

問題 1 モーメント荷重を受ける不静定ラーメンを解く過程に関する問題です。

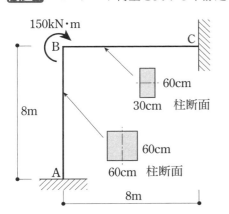

(1) 柱、梁の剛度 K_{AB}、K_{BC} を求めなさい。

$K_{AB}=$ _____ $K_{BC}=$ _____

(2) 剛比 k_{AB}、k_{BC} を求めなさい。

$k_{AB}=$ _____ $k_{BC}=$ _____

(3) 曲げモーメントの伝わり方から、各材端の曲げモーメントを求めなさい。

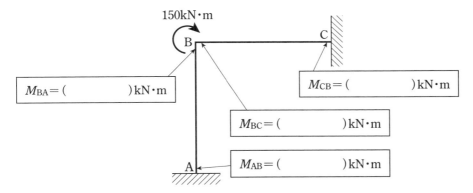

(4) 変形図を描き、引張り側に印を入れなさい。　(5) 曲げモーメント図を描きなさい。

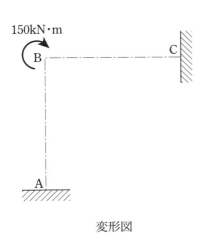

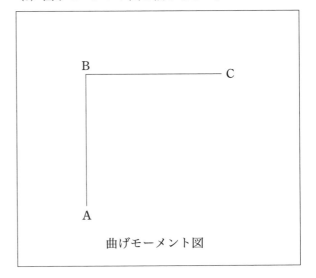

12·2 不静定構造の基礎▶中間荷重

問題図のような鉛直荷重を受ける不静定ラーメンの曲げモーメント図を描きます。
なお、図中○の中の数値は剛比を表しています。

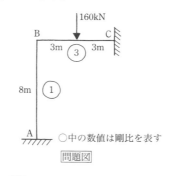
問題図

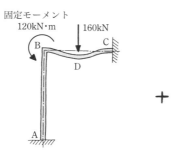
固定モーメント

+

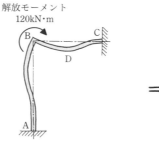
解放モーメント

=

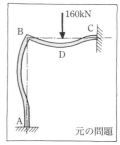
元の問題

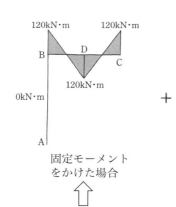
固定モーメントをかけた場合

+

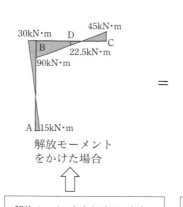
解放モーメントをかけた場合

=

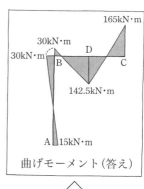
曲げモーメント（答え）

⇧
固定モーメントをかけて梁を両端固定状態にします。両端固定公式を下図に示します。

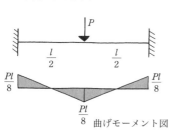

⇧
解放モーメントをかけています。
（→ **12·1** 参照）

⇧
左の状態を足し合わせると、固定モーメントと解放モーメントが相殺され、元の問題に戻ります。よって、左の曲げモーメント図を足し合わせたものが答えの曲げモーメント図です。

問題 1 鉛直荷重を受ける不静定ラーメンを解く過程に関する問題です。

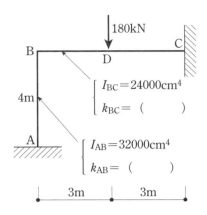

(1) 剛比を問題図中（ ）内に記入しなさい。
(2) 固定モーメント、解放モーメントの値を図中（ ）内に記入し、それぞれの変形状況を描きなさい。

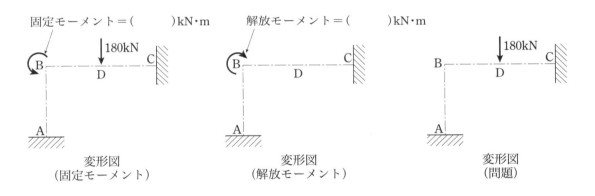

(3) 固定モーメント、解放モーメントをかけた場合の曲げモーメント図を描き、それらの和より答えとなる曲げモーメント図を描きなさい。

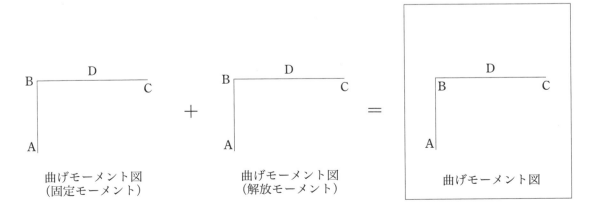

13・1 塑性解析の基礎 ▶ 静定構造

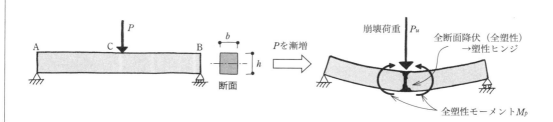

[全塑性モーメント]

$$M_p = Z_p \cdot \sigma_y \quad \left(Z_p = \frac{bh^2}{4} \right) \quad \text{ここで} \quad Z_p：塑性断面係数（mm^3） \\ \sigma_y：降伏応力度（N/mm^2）$$

次の片持ち梁の崩壊荷重 P_u を求めます。ただし、降伏応力度 $\sigma_y = 150\text{N/mm}^2$ とします。

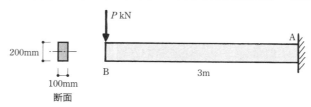

①全塑性モーメント M_p を求めます。上の公式より

$$M_p = Z_p \times \sigma_y = \frac{bh^2}{4} \times \sigma_y = \frac{100\text{mm} \times (200\text{mm})^2}{4} \times 150\text{N/mm}^2 = 150 \times 10^6 \text{N·mm}$$

$$= 150\text{kN·m}$$

②曲げモーメント図を描き、最大曲げモーメント M_{max} を求めます。

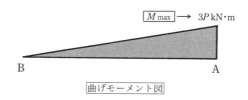

③最大曲げモーメント M_{max} が全塑性モーメント M_p に達するとき、梁は下図のように崩壊します。
したがって、$M_{max} = M_p$ の式をたて、崩壊荷重 P_u を求めます。

$$M_{max} = M_p \quad \Rightarrow \quad 3P_u = 150\text{kN·m}$$

$$P_u = 50\text{kN} \quad \text{（答え）}$$

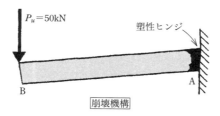

問題 1 次の単純梁の崩壊荷重 P_u を求める過程の問題です。

ただし、部材の降伏応力度 $\sigma_y = 160\text{N/mm}^2$ とします。

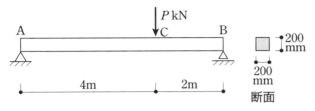

(1) 全塑性モーメント M_p を求めなさい。

$M_p =$ _____

(2) 曲げモーメント図を描き、$M_{\max}$ を求めなさい。

曲げモーメント図

$M_{\max} =$ _____

(3) 崩壊荷重 P_u を求め、崩壊機構を描きなさい。

崩壊機構

$P_u =$ _____

問題 2 次のラーメンの曲げモーメント図を描き、崩壊荷重 P_u を求めなさい。また、崩壊機構を描きなさい。ただし、部材の全塑性モーメント M_p は柱 AC が 300kN·m、梁 BC が 200kN·m です。

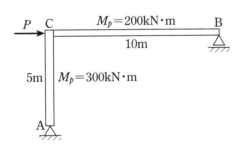

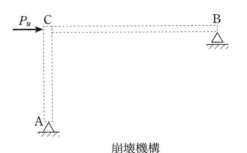

崩壊機構

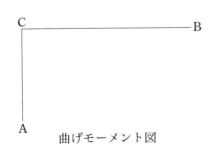

曲げモーメント図

$P_u =$ _____

13 塑性解析の基礎

13・2 塑性解析の基礎 ▶不静定構造

【1】不静定梁

次の不静定梁の崩壊機構を描き、崩壊荷重 P_u を求めます。

ただし、梁の全塑性モーメント $M_p = 30 \text{kN·m}$ である。

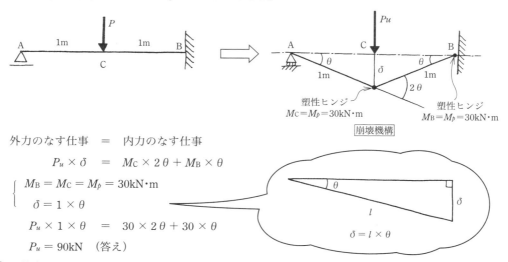

外力のなす仕事 ＝ 内力のなす仕事

$$P_u \times \delta = M_C \times 2\theta + M_B \times \theta$$

$$\begin{cases} M_B = M_C = M_p = 30 \text{kN·m} \\ \delta = 1 \times \theta \end{cases}$$

$$P_u \times 1 \times \theta = 30 \times 2\theta + 30 \times \theta$$

$$P_u = 90 \text{kN} \quad （答え）$$

【2】不静定ラーメン

次のラーメン架構の崩壊機構を描き、崩壊荷重 P_u を求めます。

ただし、柱の全塑性モーメント $M_p = 300 \text{kN·m}$、梁の全塑性モーメント $M_p = 200 \text{kN·m}$ である。

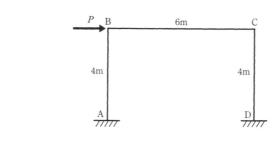

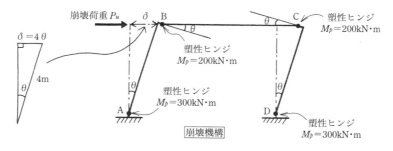

外力のなす仕事 ＝ 内力のなす仕事

$$P_u \times \delta = M_A \times \theta + M_B \times \theta + M_C \times \theta + M_D \times \theta$$

$$P_u \times 4\theta = 300 \times \theta + 200 \times \theta + 200 \times \theta + 300 \times \theta$$

$$P_u = 250 \text{kN} \quad （答え）$$

問題1 次の梁の崩壊機構を描き、崩壊荷重 P_u を求めなさい。

ただし、梁の全塑性モーメントは $M_p = 400\text{kN·m}$ である。

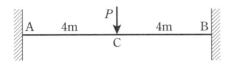

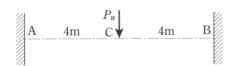

崩壊機構

$P_u = $ _____

問題2 次のラーメン架構の崩壊機構を描き、崩壊荷重 P_u を求めなさい。

ただし、柱の全塑性モーメント $M_p = 500\text{kN·m}$、梁の全塑性モーメント $M_p = 300\text{kN·m}$ である。

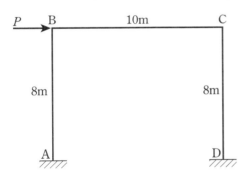

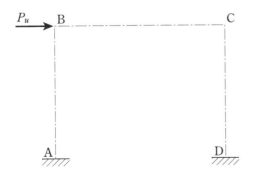

崩壊機構

$P_u = $ _____

◉著者略歴

浅野清昭（あさの・きよあき）
1961 年京都府生まれ。京都工芸繊維大学大学院工芸学研究科建築学専攻修了。㈱間組技術研究所、〈専〉京都建築大学校を経て、2009 年浅野構造力学研究所設立。一級建築士。
著書に『改訂版 図説 やさしい構造力学』『図説 建築構造力学』『改訂版 図説やさしい構造設計』『絵ときブック構造力学入門』『図解レクチャー構造力学』（学芸出版社）。

〈イラスト〉
野村　彰（のむら・あきら）
1958 年生まれ。京都工芸繊維大学工芸学部住環境学科卒業。
一級建築士。

やさしい 建築構造力学 演習問題集
解法手順を身につける書き込み式ワークブック

2018 年 8 月 5 日　　第 1 版第 1 刷発行
2020 年 2 月 20 日　　第 2 版第 1 刷発行
2021 年 6 月 20 日　　第 3 版第 1 刷発行
2024 年 3 月 20 日　　第 4 版第 1 刷発行

著　　　者　　浅野清昭

発 行 者　　井口夏実

発 行 所　　株式会社学芸出版社
　　　　　　　京都市下京区木津屋橋通西洞院東入
　　　　　　　〒 600-8216　電話 075・343・0811
　　　　　　　http://www.gakugei-pub.jp/
　　　　　　　E-mail：info@gakugei-pub.jp

編 集 担 当　　松本優真

印刷・製本　　モリモト印刷

装　　　丁　　KOTO DESIGN Inc.　山本剛史

ⒸKiyoaki ASANO, 2018
ISBN978-4-7615-1368-9　　Printed in Japan

JCOPY〈㈳出版者著作権管理機構委託出版物〉
　本書の無断複写（電子化を含む）は著作権法上での例外を除き禁じられています。複写される場合は、そのつど事前に、㈳出版者著作権管理機構（電話 03-5244-5088、FAX 03-5244-5089、e-mail：info@jcopy.or.jp）の許諾を得てください。
　また本書を代行業者等の第三者に依頼してスキャンやデジタル化することは、たとえ個人や家庭内での利用でも著作権法違反です。

本書と併用して理解をさらに深めたい方にオススメのテキスト

改訂版 図説 やさしい構造力学

浅野清昭 著

B5 変判・204 頁(2 色刷)・本体 2700 円＋税

数学や物理が苦手だけど、初めて、あるいはもう一度、構造力学を勉強しなければならない！そんな人に向けた好評の入門教科書、待望の改訂版。すべてを手描きのイラストで図解し、丁寧な解説を心がけ、〈手順〉どおりにやれば誰でも解けるように構成。2 色刷でさらに見やすく、二級建築士試験に対応した練習問題も増補した。

●目 次

第 1 章 構造力学に必要な算術計算
1 分 数
2 平方根
3 文字を含んだ式
4 方程式(x の値を求める)
5 連立方程式
  (2 つ以上の未知数を求める)
6 相似形
7 面 積

第 2 章 力の基礎
1 力
  ① 力の表現
  ② 力の符号
  ③ 力の効果
  ④ 力の単位
2 力のモーメント
  ① 力のモーメントとは
  ② 力のモーメントの符号
  ③ 力のモーメントの距離の見極め方
3 合 力
  ① 合力とは
  ② 1 点に作用する力の合力
  ③ 平行に並ぶ力の合力
4 分布荷重
  ① 分布荷重とは
  ② 分布荷重の合力

第 3 章 力の釣り合い
1 力の釣り合いとは
2 回転をともなう力の釣り合い

第 4 章 反 力
1 構造物の力学モデル
2 構造物の支え方
3 単純梁の反力
  ① 集中荷重の場合
  ② 分布荷重の場合
  ③ モーメント荷重の場合
4 片持ち梁の反力
  ① 集中荷重の場合
  ② 分布荷重の場合
  ③ モーメント荷重の場合
5 張り出し梁の反力
6 ラーメンの反力
  ① 水平方向の力の場合
  ② 鉛直方向の力の場合

第 5 章 部材に生じる力(基礎編)
1 部材に生じる力の解説
  ① 曲げモーメント
  ② せん断力
  ③ 軸方向力
2 単純梁に生じる力
  ① 集中荷重の場合
  ② 分布荷重の場合
  ③ モーメント荷重の場合
3 片持ち梁に生じる力
  ① 集中荷重の場合
  ② 分布荷重の場合
  ③ モーメント荷重の場合
4 知っていると便利な関係
  ① 曲げモーメント図はせん断変形の形
  ② せん断力の値は曲げモーメント図の傾き
  ③ 力のたし合わせ

第 6 章 部材に生じる力(実戦編)
1 せん断力図を描く方法(矢印図法)
  ① 集中荷重の場合
  ② 分布荷重の場合
  ③ モーメント荷重の場合
2 曲げモーメント図の特徴
3 曲げモーメント図の描き方
  (スパナ化法・面積法)
  ① 集中荷重の場合
  ② 分布荷重の場合
  ③ モーメント荷重の場合
4 実戦例題

第 7 章 トラス
1 トラスとは
2 節点法
3 図解法
4 切断法
  ① 単純梁型の場合
  ② 片持ち梁型の場合

第 8 章 断面に関する数量
1 図 心
2 断面 2 次モーメント
  ① 中立軸に関する断面 2 次モーメント
  ② 離れた軸に関する断面 2 次モーメント
  ③ 薄肉断面の断面 2 次モーメント
3 断面係数

第 9 章 応力度
1 軸応力度
  (引張応力度・圧縮応力度)
2 曲げ応力度
3 せん断応力度
4 許容応力度
5 許容曲げモーメント
6 曲げ応力度と圧縮応力度との組み合わせ

第 10 章 座 屈
1 座屈とは
2 座屈荷重

第 11 章 たわみ
1 代表的なたわみ
2 たわみの求め方

第 12 章 不静定構造の基礎
1 不静定構造とは
2 不静定構造の基礎的解法

第 13 章 塑性解析の基礎
1 弾性と塑性
2 静定構造の崩壊と全塑性モーメント
  ① 静定構造の崩壊
  ② 全塑性モーメント
3 不静定構造の崩壊と崩壊荷重
  ① 不静定構造の崩壊
  ② 崩壊荷重の求め方
4 不静定ラーメンの崩壊と保有水平耐力

好評発売中

図解レクチャー 構造力学　静定・不静定構造を学ぶ

浅野清昭 著
B5変判・200頁・本体2800円+税

力の基礎から静定・不静定構造、構造物の崩壊までを一冊で学習することができる、一級建築士試験にも対応したテキスト。苦手意識を持たれやすい構造力学の分野だが、図解で丁寧に繰り返し解説することで基礎から応用まで網羅。四則計算のみで解説しているため、デザイン系の学生にも活用できる、初学者のための入門テキスト。

絵ときブック 構造力学入門

浅野清昭 著
B5変判・160頁・本体2500円+税

構造力学は、構造設計の基礎をなす重要な分野だが、物理学や数学を必要とするため、どうしても苦手という人が多い。本書では、先生と生徒の会話を通して、力の基本原則、反力の求め方をイラストを駆使して丁寧に解説し、最もつまずきやすい部分である曲げモーメント図、せん断力図の描き方までの完全理解を目指すものである。

直感で理解する！構造力学の基本

山浦晋弘 著／日本建築協会 企画
A5判・216頁・本体2400円+税

楽しい手描きイラストとわかりやすい文章が好評の「直感」シリーズ第2弾。著者の建築実務家・教員としての豊富な経験をもとに、建築を学び実務に当たる上で知っておくべき構造力学の基本をやさしく解説。「構造力学」の先にある「構造設計」の魅力が見えてくる一冊。一級建築士試験にも役立つ「力学問題アラカルト」付き。

二級建築士試験　構造力学のツボ

植村典人 著
A5判・172頁・本体1800円+税

学科Ⅲ（建築構造）において構造力学は合否の鍵を握る分野であり、避けて通ることはできない。一方、同じ型の問題が繰り返し出題されており、要点さえ理解すれば確実に得点できる。本書は単元別に出題頻度を分析し、覚えるべき要点を整理し、過去問の解法を徹底解説。ツボを押えた学習で全問正解を目指せ！

学芸出版社　｜　Gakugei Shuppansha

- 図書目録
- セミナー情報
- 電子書籍
- おすすめの1冊
- メルマガ申込
  （新刊＆イベント案内）
- Twitter
- Facebook

建築・まちづくり・
コミュニティデザインの
ポータルサイト

WEB GAKUGEI
www.gakugei-pub.jp/

やさしい
建築構造力学
演習問題集

別冊
解答・解説

この冊子は本体から取り外して使えます

1 基礎計算

問題1 分数
(1) 1　　(2) $\frac{1}{4}$　　(3) 7　　(4) $\frac{1}{3}$

問題2 平方根
(1) $2\sqrt{2}$　　(2) 7　　(3) $4\sqrt{2}$　　(4) 3

問題3 文字式
(1) $2a$　　(2) $\frac{Pl^3}{48EI}$　　(3) $\frac{wl}{4}$　　(4) $\frac{h}{6}$

問題4 方程式
(1) $x = 2$　　(2) $x = 6$　　(3) $x = 3\sqrt{2}$　　(4) $6b$

問題5 連立方程式
(1) $x = 3$、$y = 1$　　(2) $x = -2$、$y = 2$
(3) $x = -34$、$y = -3$　　(4) $x = -25$、$y = 18$

問題6 相似形
(1) AB：BD＝AC：CE　　　BC：DE＝AB：AD
　　8：x＝10：15　　　　12：y＝8：20
　　　$10x = 15 \times 8$　　　　$8y = 20 \times 12$
　　　　$x = \underline{12\text{cm}}$（答え）　　　$y = \underline{30\text{cm}}$（答え）

(2) △ABC は 3：4：5 の直角三角形なので
　　AB：AC＝5：4
　　AB：12＝5：4
　　　AB $= 12 \times \frac{5}{4} = 15$cm
　　△ABC は 3：4：5 の直角三角形なので
　　AE＝40cm より　$x = \underline{30\text{cm}}$（答え）
　　AD＝50cm より　$y = 50 -$ AB
　　　　　　　　　　　$= 50 - 15 = \underline{35\text{cm}}$（答え）

問題7 面積

(1)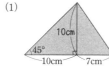
三角形
面積＝ 17cm × 10cm ÷ 2
　　＝ $\underline{85\text{cm}^2}$（答え）

(2)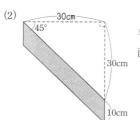
平行四辺形
面積＝ 10cm × 30cm
　　＝ $\underline{300\text{cm}^2}$（答え）

2・1 力の基礎 ▶ 力

問題1

(1) 　　(2)

問題2

(1)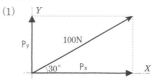

$100 : P_x = 2 : \sqrt{3}$
$2P_x = 100\sqrt{3}$
$P_x = 100 \times \frac{\sqrt{3}}{2} = \underline{50\sqrt{3}\text{N}}$（答え）
$100 : P_y = 2 : 1$
$2P_y = 100 \times 1$
$P_y = 100 \times \frac{1}{2} = \underline{50\text{N}}$（答え）

(2)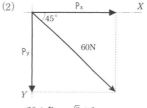

$60 : P_x = \sqrt{2} : 1$
$\sqrt{2}P_x = 60 \times 1$
$P_x = 60 \times \frac{1}{\sqrt{2}} = \underline{30\sqrt{2}\text{N}}$（答え）
$P_x : P_y = 1 : 1$
$P_y = P_x = \underline{30\sqrt{2}\text{N}}$（答え）

(3)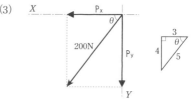

$200 : P_x = 5 : 3$
$5P_x = 200 \times 3$
$P_x = 200 \times \frac{3}{5} = \underline{120\text{N}}$（答え）
$200 : P_y = 5 : 4$
$5P_y = 200 \times 4$
$P_y = 200 \times \frac{4}{5} = \underline{160\text{N}}$（答え）

2・2 力の基礎 ▶ 力のモーメント

問題 1

(1)

$M_A = 10N \times 5m = \underline{50N \cdot m}$ （答え）

(2)

$M_A = -20N \times 3m + 10N \times 0m$
$= \underline{-60N \cdot m}$ （答え）

(3)

$M_A = 8N \times 5m - 6N \times 9m = \underline{-14N \cdot m}$ （答え）

(4)

（図 (4) 含む）

$M_A = 10N \times 5m + 8N \times 3m = \underline{74N \cdot m}$ （答え）

問題 2

(1)

$M_A = 6N \times 4m - 4N \times 6m = \underline{0N \cdot m}$ （答え）

(2)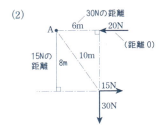

$M_A = 30N \times 6m - 15N \times 8m + 20N \times 0m$
$= \underline{60N \cdot m}$ （答え）

(3)

$M_A = 60N \times 3m + 30N \times 6m - 10N \times 7m$
$= \underline{290N \cdot m}$ （答え）

(4)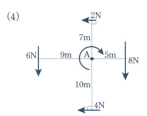

$M_A = 8N \times 5m + 4N \times 10m - 6N \times 9m - 2N \times 7m$
$= \underline{12N \cdot m}$ （答え）

2・3 力の基礎 ▶ 合 力

問題 1

(1)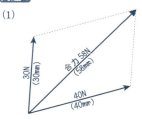

(2)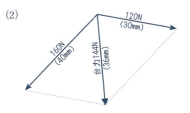

問題 2

$P = 5 + 10 = \underline{15N}$ （答え）

A 点を中心としてバリニオンの定理を適用する。

合力のモーメント＝分力のモーメントの総和

$15x = 10 \times 9 + 5 \times 0$

$x = \underline{6m}$ （答え）

問題3

(1)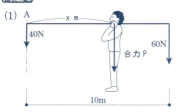

40N、60Nを荷物の重さ、合力Pを担ぐ人の肩にかかる力として考えるとよい。

$P = 40 + 60 = \underline{100\text{N}}$　（答え）

A点を中心としてバリニオンの定理を適用する。

合力のモーメント＝分力のモーメントの総和

$$100x = 60 \times 10 + 40 \times 0$$
$$x = \underline{6\text{m}} \quad \text{（答え）}$$

(2)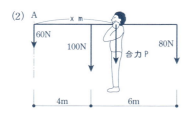

$P = 60 + 100 + 80 = \underline{240\text{N}}$　（答え）

A点を中心としてバリニオンの定理を適用する。

合力のモーメント＝分力のモーメントの総和

$$240x = 80 \times 10 + 100 \times 4 + 60 \times 0$$
$$x = \underline{5\text{m}} \quad \text{（答え）}$$

2・4　力の基礎▶分布荷重

問題1

(1)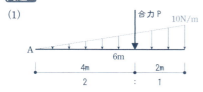

合力 $P = 6\text{m} \times 10\text{N/m} \div 2 = 30\text{N}$　　（答え）
点Aからの距離　$x = 4\text{m}$

(2)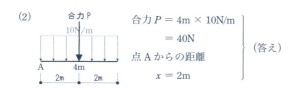

合力 $P = 4\text{m} \times 10\text{N/m} = 40\text{N}$　（答え）
点Aからの距離　$x = 2\text{m}$

問題2

(1)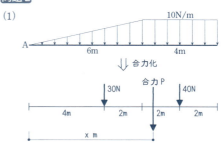

分布荷重を2つの合力（30N、40N）にし、さらにそれらを合力化する。

$P = 30 + 40 = \underline{70\text{N}}$　（答え）

A点からの距離 x はバリニオンの定理によって求める。

合力のモーメント＝分力のモーメントの総和

$$70x = 30 \times 4 + 40 \times 8$$
$$x = \underline{6.29\text{m}} \quad \text{（答え）}$$

(2)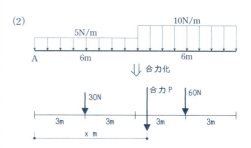

分布荷重を2つの合力（30N、60N）にし、さらにそれらを合力化する。

$P = 30 + 60 = \underline{90\text{N}}$　（答え）

A点からの距離 x はバリニオンの定理によって求める。

合力のモーメント＝分力のモーメントの総和

$$90x = 30 \times 3 + 60 \times 9$$
$$x = \underline{7\text{m}} \quad \text{（答え）}$$

3・1　力の釣り合い▶平行な力

問題1

(1) 力の釣り合い式より

$\Sigma X = 0: \quad P + 6 - 10 = 0$
$$P = \underline{4\text{N}} \quad \text{（答え）}$$

(2) 力の釣り合い式より

$\Sigma X = 0: \quad 120 - P - 180 = 0$
$$P = \underline{-60\text{N}} \quad \text{（答え）}$$

問題2

(1) 力の釣り合い式より

$\Sigma Y = 0: \quad P_A + P_B - 60 - 30 = 0$
$\qquad P_A + P_B = 90 \quad ——①$
$\Sigma M_A = 0: \quad 30 \times 2 - 60 \times 1 - P_B \times 4 = 0$
$\qquad P_B = \underline{0N} \quad (答え) \quad ——②$
②を①に代入して $\quad P_A = \underline{90N} \quad (答え)$

(2) 力の釣り合い式より

$\Sigma Y = 0: \quad P_A + P_B - 50 - 40 = 0$
$\qquad P_A + P_B = 90 \quad ——①$
$\Sigma M_A = 0: \quad 40 \times 5 - 50 \times 2 - P_B \times 2 = 0$
$\qquad P_B = \underline{50N} \quad (答え) \quad ——②$
②を①に代入して $\quad P_A = \underline{40N} \quad (答え)$

問題3

(1) 力の釣り合い式より

$\Sigma Y = 0: \quad P_A + P_B - 20 - 50 = 0$
$\qquad P_A + P_B = 70 \quad ——①$
$\Sigma M_A = 0: \quad 20 \times 2 + 50 \times 4 - P_B \times 6 = 0$
$\qquad P_B = \underline{40N} \quad (答え) \quad ——②$
②を①に代入して $\quad P_A = \underline{30N} \quad (答え)$

(2) 力の釣り合い式より

$\Sigma Y = 0: \quad P_A + P_B - 60 - 15 = 0$
$\qquad P_A + P_B = 75 \quad ——①$
$\Sigma M_A = 0: \quad 15 \times 4 - 60 \times 2 - P_B \times 6 = 0$
$\qquad P_B = \underline{-10N} \quad (答え) \quad ——②$
②を①に代入して $\quad P_A = \underline{85N} \quad (答え)$

3・2 力の釣り合い ▶ 色々な方向の力

問題1

(1)

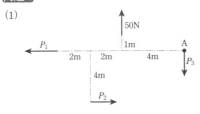

力の釣り合い式より

$\Sigma X = 0: \quad P_2 - P_1 = 0 \quad ——①$
$\Sigma Y = 0: \quad 50 - P_3 = 0$
$\qquad P_3 = \underline{50N} \quad (答え)$

$\Sigma M_A = 0: \quad 50 \times 4 - P_2 \times 4 = 0$
$\qquad P_2 = \underline{50N} \quad (答え) \quad ——②$
②を①に代入して $\quad P_1 = \underline{50N} \quad (答え)$

(2)

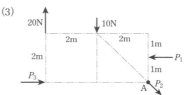

力の釣り合い式より

$\Sigma X = 0: \quad 10 - P_1 = 0$
$\qquad P_1 = \underline{10N} \quad (答え)$
$\Sigma Y = 0: \quad P_3 - P_2 = 0 \quad ——①$
$\Sigma M_A = 0: \quad 10 \times 4 - P_2 \times 8 = 0$
$\qquad P_2 = \underline{5N} \quad (答え) \quad ——②$
②を①に代入して $\quad P_3 = \underline{5N} \quad (答え)$

(3)

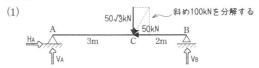

力の釣り合い式より

$\Sigma X = 0: \quad P_3 - P_1 + \dfrac{P_2}{\sqrt{2}} = 0 \quad ——①$
$\Sigma Y = 0: \quad 20 - 10 - \dfrac{P_2}{\sqrt{2}} = 0$
$\qquad P_2 = \underline{10\sqrt{2}N} \quad (答え) \quad ——②$
$\Sigma M_A = 0: \quad 20 \times 4 - 10 \times 2 - P_1 \times 1 = 0$
$\qquad P_1 = \underline{60N} \quad (答え) \quad ——③$
②③を①に代入して $\quad P_3 = \underline{50N} \quad (答え)$

4・1 反 力 ▶ 単純梁の反力

問題1

(1)

斜め100kNを分解する

力の釣り合い式より

$\Sigma X = 0: \quad H_A - 50 = 0 \qquad H_A = \underline{50kN} \quad (答え)$
$\Sigma Y = 0: \quad V_A + V_B - 50\sqrt{3} = 0 \quad ——①$
$\Sigma M_A = 0: \quad 50\sqrt{3} \times 3 - V_B \times 5 = 0$
$\qquad V_B = \underline{30\sqrt{3}kN} \quad (答え) \quad ——②$
②を①に代入して $\quad V_A = \underline{20\sqrt{3}kN} \quad (答え)$

(2)

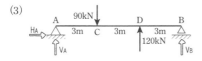

力の釣り合い式より

$\Sigma X = 0$： $H_A = \underline{0}$ （答え）

$\Sigma Y = 0$： $V_A + V_B - 60 - 120 = 0$

$\qquad V_A + V_B = 180$ ——①

$\Sigma M_A = 0$： $60 \times 3 + 120 \times 6 - V_B \times 9 = 0$

$\qquad V_B = \underline{100\text{kN}}$ （答え） ——②

②を①に代入して $V_A = \underline{80\text{kN}}$ （答え）

(3)

力の釣り合い式より

$\Sigma X = 0$： $H_A = \underline{0}$ （答え）

$\Sigma Y = 0$： $V_A + V_B - 90 + 120 = 0$

$\qquad V_A + V_B = -30$ ——①

$\Sigma M_A = 0$： $90 \times 3 - 120 \times 6 - V_B \times 9 = 0$

$\qquad V_B = \underline{-50\text{kN}}$ （答え） ——②

②を①に代入して $V_A = \underline{20\text{kN}}$ （答え）

問題2

(1)

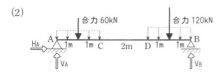

力の釣り合い式より

$\Sigma X = 0$： $H_A = \underline{0}$ （答え）

$\Sigma Y = 0$： $V_A + V_B - 240 = 0$ ——①

$\Sigma M_A = 0$： $240 \times 4 - V_B \times 6 = 0$

$\qquad V_B = \underline{160\text{kN}}$ （答え） ——②

②を①に代入して $V_A = \underline{80\text{kN}}$ （答え）

(2)

力の釣り合い式より

$\Sigma X = 0$： $H_A = \underline{0}$ （答え）

$\Sigma Y = 0$： $V_A + V_B - 60 - 120 = 0$

$\qquad V_A + V_B = 180$ ——①

$\Sigma M_A = 0$： $60 \times 1 + 120 \times 5 - V_B \times 6 = 0$

$\qquad V_B = \underline{110\text{kN}}$ （答え） ——②

②を①に代入して $V_A = \underline{70\text{kN}}$ （答え）

(3)

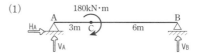

力の釣り合い式より

$\Sigma X = 0$： $H_A = \underline{0}$ （答え）

$\Sigma Y = 0$： $V_A + V_B - 80 - 40 = 0$

$\qquad V_A + V_B = 120$ ——①

$\Sigma M_A = 0$： $80 \times 1 + 40 \times 4 - V_B \times 6 = 0$

$\qquad V_B = \underline{40\text{kN}}$ （答え） ——②

②を①に代入して $V_A = \underline{80\text{kN}}$ （答え）

問題3

(1)

力の釣り合い式より

$\Sigma X = 0$： $H_A = \underline{0}$ （答え）

$\Sigma Y = 0$： $V_A + V_B = 0$ ——①

$\Sigma M_A = 0$： $180 - V_B \times 9 = 0$

$\qquad V_B = \underline{20\text{kN}}$ （答え） ——②

②を①に代入して $V_A = \underline{-20\text{kN}}$ （答え）

(2)

力の釣り合い式より

$\Sigma X = 0$： $H_A = \underline{0}$ （答え）

$\Sigma Y = 0$： $V_A + V_B = 0$ ——①

$\Sigma M_A = 0$： $60 + 120 - V_B \times 9 = 0$

$\qquad V_B = \underline{20\text{kN}}$ （答え） ——②

②を①に代入して $V_A = \underline{-20\text{kN}}$ （答え）

(3)

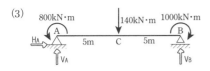

力の釣り合い式より

$\Sigma X = 0: \quad H_A = \underline{0} \quad$ （答え）

$\Sigma Y = 0: \quad V_A + V_B - 140 = 0 \quad$ ――①

$\Sigma M_A = 0: \quad 140 \times 5 - 800 + 1000 - V_B \times 10 = 0$

$\qquad V_B = \underline{90kN} \quad$ （答え） ――②

②を①に代入して $\quad V_A = \underline{50kN} \quad$ （答え）

4・2 　反　力▶片持ち梁の反力

問題 1

(1)

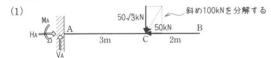

力の釣り合い式より

$\Sigma X = 0: \quad H_A - 50 = 0$

$\qquad H_A = \underline{50kN} \quad$ （答え）

$\Sigma Y = 0: \quad V_A - 50\sqrt{3} = 0$

$\qquad V_A = \underline{50\sqrt{3}kN} \quad$ （答え）

$\Sigma M_A = 0: \quad 50\sqrt{3} \times 3 - M_A = 0$

$\qquad M_A = \underline{150\sqrt{3}kN \cdot m} \quad$ （答え）

(2)

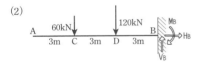

力の釣り合い式より

$\Sigma X = 0: \quad H_B = \underline{0} \quad$ （答え）

$\Sigma Y = 0: \quad V_B - 60 - 120 = 0$

$\qquad V_B = \underline{180kN} \quad$ （答え）

$\Sigma M_B = 0: \quad M_B - 60 \times 6 - 120 \times 3 = 0$

$\qquad M_B = \underline{720kN \cdot m} \quad$ （答え）

(3)

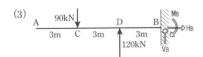

力の釣り合い式より

$\Sigma X = 0: \quad H_B = \underline{0} \quad$ （答え）

$\Sigma Y = 0: \quad V_B - 90 + 120 = 0$

$\qquad V_B = \underline{-30kN} \quad$ （答え）

$\Sigma M_B = 0: \quad M_B + 120 \times 3 - 90 \times 6 = 0$

$\qquad M_B = \underline{180kN \cdot m} \quad$ （答え）

問題 2

(1)

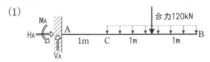

力の釣り合い式より

$\Sigma X = 0: \quad H_A = \underline{0} \quad$ （答え）

$\Sigma Y = 0: \quad V_A - 120 = 0$

$\qquad V_A = \underline{120kN} \quad$ （答え）

$\Sigma M_A = 0: \quad 120 \times 2 - M_A = 0$

$\qquad M_A = \underline{240kN \cdot m} \quad$ （答え）

(2)

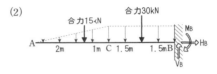

力の釣り合い式より

$\Sigma X = 0: \quad H_B = \underline{0} \quad$ （答え）

$\Sigma Y = 0: \quad V_B - 15 - 30 = 0$

$\qquad V_B = \underline{45kN} \quad$ （答え）

$\Sigma M_B = 0: \quad M_B - 15 \times 4 - 30 \times 1.5 = 0$

$\qquad M_B = \underline{105kN \cdot m} \quad$ （答え）

(3)

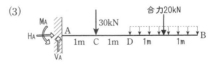

力の釣り合い式より

$\Sigma X = 0: \quad H_A = \underline{0} \quad$ （答え）

$\Sigma Y = 0: \quad V_A - 30 - 20 = 0$

$\qquad V_A = \underline{50kN} \quad$ （答え）

$\Sigma M_A = 0: \quad 30 \times 1 + 20 \times 3 - M_A = 0$

$\qquad M_A = \underline{90kN \cdot m} \quad$ （答え）

問題 3

(1)

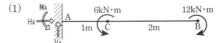

力の釣り合い式より

$\Sigma X = 0$: $H_A = \underline{0}$ （答え）

$\Sigma Y = 0$: $V_A = \underline{0}$ （答え）

$\Sigma M_A = 0$: $12 - 6 - M_A = 0$

$M_A = \underline{6\text{kN·m}}$ （答え）

(2)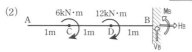

力の釣り合い式より

$\Sigma X = 0$: $H_B = \underline{0}$ （答え）

$\Sigma Y = 0$: $V_B = \underline{0}$ （答え）

$\Sigma M_A = 0$: $6 + 12 - M_B = 0$

$M_B = \underline{18\text{kN·m}}$ （答え）

(3)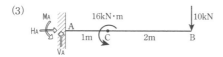

力の釣り合い式より

$\Sigma X = 0$: $H_A = \underline{0}$ （答え）

$\Sigma Y = 0$: $V_A - 10 = 0$ $V_A = \underline{10\text{kN}}$ （答え）

$\Sigma M_A = 0$: $10 \times 3 - 16 - M_A = 0$

$M_A = \underline{14\text{kN·m}}$ （答え）

4·3　反　力▶張り出し梁の反力

問題1

(1)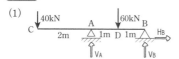

力の釣り合い式より

$\Sigma X = 0$: $H_B = \underline{0}$ （答え）

$\Sigma Y = 0$: $V_A + V_B - 40 - 60 = 0$

$V_A + V_B = 100$ ──①

$\Sigma M_A = 0$: $60 \times 1 - 40 \times 2 - V_B \times 2 = 0$

$V_B = \underline{-10\text{kN}}$ （答え）──②

②を①に代入して　$V_A = \underline{110\text{kN}}$ （答え）

(2)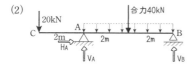

力の釣り合い式より

$\Sigma X = 0$: $H_A = \underline{0}$ （答え）

$\Sigma Y = 0$: $V_A + V_B - 20 - 40 = 0$

$V_A + V_B = 60$ ──①

$\Sigma M_A = 0$: $40 \times 2 - 20 \times 2 - V_B \times 4 = 0$

$V_B = \underline{10\text{kN}}$ （答え）──②

②を①に代入して　$V_A = \underline{50\text{kN}}$ （答え）

(3)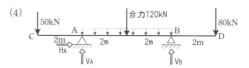

力の釣り合い式より

$\Sigma X = 0$: $H_A = \underline{0}$ （答え）

$\Sigma Y = 0$: $V_A + V_B - 120 - 60 = 0$

$V_A + V_B = 180$ ──①

$\Sigma M_A = 0$: $120 \times 3 + 60 \times 9 - V_B \times 6 = 0$

$V_B = \underline{150\text{kN}}$ （答え）──②

②を①に代入して　$V_A = \underline{30\text{kN}}$ （答え）

(4)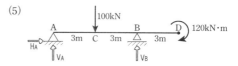

力の釣り合い式より

$\Sigma X = 0$: $H_A = \underline{0}$ （答え）

$\Sigma Y = 0$: $V_A + V_B - 50 - 120 - 80 = 0$

$V_A + V_B = 250$ ──①

$\Sigma M_A = 0$: $120 \times 2 + 80 \times 6 - 50 \times 2 - V_B \times 4 = 0$

$V_B = \underline{155\text{kN}}$ （答え）──②

②を①に代入して　$V_A = \underline{95\text{kN}}$ （答え）

(5)

力の釣り合い式より

$\Sigma X = 0$: $H_A = \underline{0}$ （答え）

$\Sigma Y = 0$: $V_A + V_B - 100 = 0$ ──①

$\Sigma M_A = 0$: $100 \times 3 + 120 - V_B \times 6 = 0$

$V_B = \underline{70\text{kN}}$ （答え）──②

②を①に代入して　$V_A = \underline{30\text{kN}}$ （答え）

4・4 反 力▶ラーメンの反力

問題1

(1)

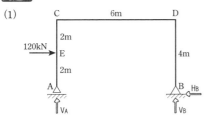

力の釣り合い式より

$\Sigma X = 0$: $120 - H_B = 0$

$H_B = \underline{120\text{kN}}$ （答え）

$\Sigma Y = 0$: $V_A + V_B = 0$ ── ①

$\Sigma M_B = 0$: $V_A \times 6 + 120 \times 2 = 0$

$V_A = \underline{-40\text{kN}}$ （答え） ── ②

②を①に代入して $V_B = \underline{40\text{kN}}$ （答え）

(2)

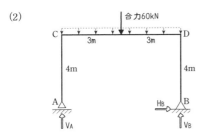

力の釣り合い式より

$\Sigma X = 0$: $H_B = \underline{0}$ （答え）

$\Sigma Y = 0$: $V_A + V_B - 60 = 0$ ── ①

$\Sigma M_B = 0$: $V_A \times 6 - 60 \times 3 = 0$

$V_A = \underline{30\text{kN}}$ （答え） ── ②

②を①に代入して $V_B = \underline{30\text{kN}}$ （答え）

(3)

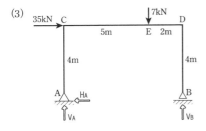

力の釣り合い式より

$\Sigma X = 0$: $35 - H_A = 0$

$H_A = \underline{35\text{kN}}$ （答え）

$\Sigma Y = 0$: $V_A + V_B - 7 = 0$ ── ①

$\Sigma M_A = 0$: $35 \times 4 + 7 \times 5 - V_B \times 7 = 0$

$V_B = \underline{25\text{kN}}$ （答え） ── ②

②を①に代入して $V_A = \underline{-18\text{kN}}$ （答え）

問題2

(1)

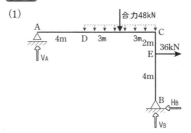

力の釣り合い式より

$\Sigma X = 0$: $36 - H_B = 0$

$H_B = \underline{36\text{kN}}$ （答え）

$\Sigma Y = 0$: $V_A + V_B - 48 = 0$ ── ①

$\Sigma M_B = 0$: $V_A \times 10 - 48 \times 3 + 36 \times 4 = 0$

$V_A = \underline{0\text{kN}}$ （答え） ── ②

②を①に代入して $V_B = \underline{48\text{kN}}$ （答え）

(2)

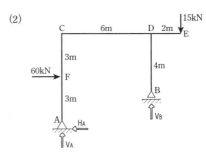

力の釣り合い式より

$\Sigma X = 0$: $60 - H_A = 0$

$H_A = \underline{60\text{kN}}$ （答え）

$\Sigma Y = 0$: $V_A + V_B - 15 = 0$ ── ①

$\Sigma M_A = 0$: $60 \times 3 + 15 \times 8 - V_B \times 6 = 0$

$V_B = \underline{50\text{kN}}$ （答え） ── ②

②を①に代入して $V_A = \underline{-35\text{kN}}$ （答え）

(3)

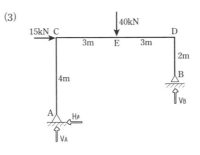

力の釣り合い式より

$\Sigma X = 0: \quad 15 - H_A = 0$
$\qquad H_A = \underline{15\text{kN}} \quad (答え)$
$\Sigma Y = 0: \quad V_A + V_B - 40 = 0 \quad \text{―――①}$
$\Sigma M_A = 0: \quad 15 \times 4 + 40 \times 3 - V_B \times 6 = 0$
$\qquad V_B = \underline{30\text{kN}} \quad (答え) \quad \text{―――②}$
②を①に代入して $\quad V_A = \underline{10\text{kN}} \quad (答え)$

問題3

(1)

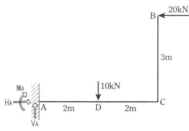

力の釣り合い式より

$\Sigma X = 0: \quad H_A - 20 = 0$
$\qquad H_A = \underline{20\text{kN}} \quad (答え)$
$\Sigma Y = 0: \quad V_A - 10 = 0$
$\qquad V_A = \underline{10\text{kN}} \quad (答え)$
$\Sigma M_A = 0: \quad M_A + 10 \times 2 - 20 \times 3 = 0$
$\qquad M_A = \underline{40\text{kN·m}} \quad (答え)$

(2)

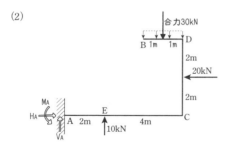

力の釣り合い式より

$\Sigma X = 0: \quad H_A - 20 = 0$
$\qquad H_A = \underline{20\text{kN}} \quad (答え)$
$\Sigma Y = 0: \quad V_A + 10 - 30 = 0$
$\qquad V_A = \underline{20\text{kN}} \quad (答え)$
$\Sigma M_A = 0: \quad 30 \times 5 - 20 \times 2 - 10 \times 2 - M_A = 0$
$\qquad M_A = \underline{90\text{kN·m}} \quad (答え)$

5·1 部材に生じる力 ▶ 単純梁（集中荷重）

問題1

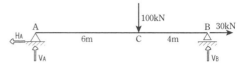

(1)（反力計算）

$\Sigma X = 0: \quad 30 - H_A = 0 \quad H_A = \underline{30\text{kN}} \quad (答え)$
$\Sigma Y = 0: \quad V_A + V_B - 100 = 0 \quad \text{―――①}$
$\Sigma M_A = 0: \quad 100 \times 6 - V_B \times 10 = 0$
$\qquad V_B = \underline{60\text{kN}} \quad (答え) \quad \text{―――②}$
②を①に代入して $\quad V_A = \underline{40\text{kN}} \quad (答え)$

(2) 【A-C 間について】

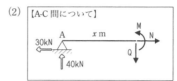

（力の釣り合い式）

$\Sigma X = 0: \quad N - 30 = 0$
$\Sigma Y = 0: \quad 40 - Q = 0 \Rightarrow \begin{cases} N = 30\text{kN} \\ Q = 40\text{kN} \\ M = 40x \text{ kN·m} \end{cases}$
$\Sigma M = 0: \quad 40x - M = 0$

$(0\text{m} \leqq x \leqq 6\text{m})$

(3) 【B-C 間について】

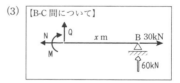

（力の釣り合い式）

$\Sigma X = 0: \quad 30 - N = 0$
$\Sigma Y = 0: \quad Q + 60 = 0 \Rightarrow \begin{cases} N = 30\text{kN} \\ Q = -60\text{kN} \\ M = 60x \text{ kN·m} \end{cases}$
$\Sigma M = 0: \quad M - 60x = 0$

$(0\text{m} \leqq x \leqq 4\text{m})$

(4)

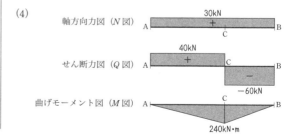

問題2

(反力計算)

$\Sigma X = 0: \quad H_A = 0$

$\Sigma Y = 0: \quad V_A + V_B - 100 = 0 \quad \text{―――①}$

$\Sigma M_A = 0: \quad 100 \times 8 - V_B \times 10 = 0$

$\quad V_B = 80\text{kN} \quad \text{―――②}$

②を①に代入して $\quad V_A = 20\text{kN}$

【A-C 間について】

$\Sigma X = 0: \quad N = 0$
$\Sigma Y = 0: \quad 20 - Q = 0 \Rightarrow \begin{cases} N = 0\text{kN} \\ Q = 20\text{kN} \\ M = 20x\ \text{kN·m} \end{cases}$
$\Sigma M = 0: \quad 20x - M = 0$

$(0\text{m} \leqq x \leqq 8\text{m})$

【B-C 間について】

$\Sigma X = 0: \quad -N = 0$
$\Sigma Y = 0: \quad Q + 80 = 0 \Rightarrow \begin{cases} N = 0\text{kN} \\ Q = -80\text{kN} \\ M = 80x\ \text{kN·m} \end{cases}$
$\Sigma M = 0: \quad M - 80x = 0$

$(0\text{m} \leqq x \leqq 2\text{m})$

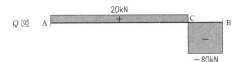

問題3

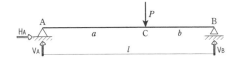

(反力計算)

$\Sigma X = 0: \quad H_A = 0$

$\Sigma Y = 0: \quad V_A + V_B - P = 0 \quad \text{―――①}$

$\Sigma M_A = 0: \quad P \times a - V_B \times l = 0$

$\quad V_B = \dfrac{a}{l}P \quad \text{―――②}$

②を①に代入して $\quad V_A = \dfrac{b}{l}P$

【A-C 間について】

$\Sigma X = 0: \quad N = 0$
$\Sigma Y = 0: \quad \dfrac{b}{l}P - Q = 0 \Rightarrow \begin{cases} N = 0 \\ Q = \dfrac{b}{l}P \\ M = \dfrac{b}{l}Px \end{cases}$
$\Sigma M = 0: \quad \dfrac{b}{l}Px - M = 0$

$(0 \leqq x \leqq a)$

【B-C 間について】

$\Sigma X = 0: \quad -N = 0$
$\Sigma Y = 0: \quad Q + \dfrac{a}{l}P = 0 \Rightarrow \begin{cases} N = 0 \\ Q = -\dfrac{a}{l}P \\ M = \dfrac{a}{l}Px \end{cases}$
$\Sigma M = 0: \quad M - \dfrac{a}{l}Px = 0$

$(0 \leqq x \leqq b)$

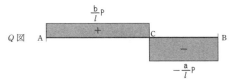

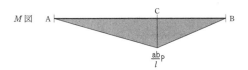

5・2 部材に生じる力 ▶ 単純梁（分布荷重）

問題1

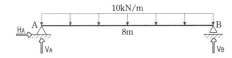

(1)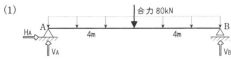

分布荷重を合力して、力の釣り合い式をたてる。

$\Sigma X = 0:\quad H_A = 0$

$\Sigma Y = 0:\quad V_A + V_B - 80 = 0$

$\Sigma M_A = 0:\quad 80 \times 4 - V_B \times 8 = 0$

$\qquad\qquad V_B = \underline{40\text{kN}}$ （答え）

$\qquad\qquad V_A = \underline{40\text{kN}}$ （答え）

(2)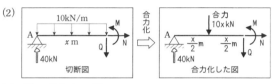

(3) （力の釣り合い式）

$\Sigma X = 0:\quad N = 0$

$\Sigma Y = 0:\quad 40 - 10x - Q = 0$

$\Sigma M = 0:\quad 40x - 10x \times \dfrac{x}{2} - M = 0$

$\Rightarrow \begin{cases} N = 0\text{kN} \\ Q = -10x + 40\text{kN} \\ M = -5x^2 + 40x\ \text{kN·m} \end{cases}$

$(0\text{m} \leqq x \leqq 8\text{m})$

(4)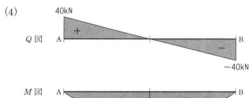

問題2

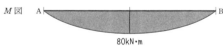

（反力計算）

$\Sigma X = 0:\quad H_A = 0$

$\Sigma Y = 0:\quad V_A + V_B - 180 = 0$ ——①

$\Sigma M_A = 0:\quad 180 \times 3 - V_B \times 6 = 0$

$\qquad\qquad V_B = 90\text{kN}$ ——②

②を①に代入して $V_A = 90\text{kN}$

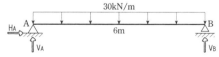

$\Sigma X = 0:\quad N = 0$

$\Sigma Y = 0:\quad 90 - 30x - Q = 0$

$\Sigma M = 0:\quad 90x - 30x \times \dfrac{x}{2} - M = 0$

$\Rightarrow \begin{cases} N = 0\text{kN} \\ Q = -30x + 90\text{kN} \\ M = -15x^2 + 90x\ \text{kN·m} \end{cases}$

$(0\text{m} \leqq x \leqq 6\text{m})$

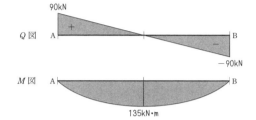

問題3

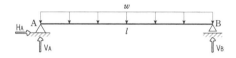

（反力計算）

$\Sigma X = 0:\quad H_A = 0$

$\Sigma Y = 0:\quad V_A + V_B - wl = 0$ ——①

$\Sigma M_A = 0:\quad wl \times \dfrac{l}{2} - V_B \times l = 0$

$\qquad\qquad V_B = \dfrac{wl}{2}$ ——②

②を①に代入して $V_A = \dfrac{wl}{2}$

$\Sigma X = 0:\quad N = 0$

$\Sigma Y = 0:\quad \dfrac{wl}{2} - wx - Q = 0$

$\Sigma M = 0:\quad \dfrac{wl}{2}x - wx \times \dfrac{x}{2} - M = 0$

$\Rightarrow \begin{cases} N = 0 \\ Q = -wx + \dfrac{wl}{2} \\ M = -\dfrac{1}{2}wx^2 + \dfrac{wl}{2}x \end{cases}$

$(0 \leqq x \leqq l)$

M図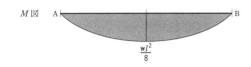

$$\frac{wl^2}{8}$$

5・3 部材に生じる力 ▶ 単純梁(モーメント荷重)

問題1

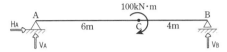

(1) (反力計算)

$\Sigma X = 0:\quad H_A = 0$ （答え）
$\Sigma Y = 0:\quad V_A + V_B = 0 \quad \text{①}$
$\Sigma M_A = 0:\quad 100 - V_B \times 10 = 0$
$\qquad\qquad V_B = \underline{10\text{kN}}$ （答え） ②
②を①に代入して　$V_A = \underline{-10\text{kN}}$（答え）

(2) 【A-C間について】

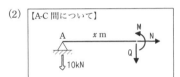

(力の釣り合い式)

$\Sigma X = 0:\quad N = 0$
$\Sigma Y = 0:\quad -10 - Q = 0 \Rightarrow \begin{cases} N = 0\text{kN} \\ Q = -10\text{kN} \\ M = -10x\text{ kN·m} \end{cases}$
$\Sigma M = 0:\quad -10x - M = 0$

$(0\text{m} \leq x \leq 6\text{m})$

(3) 【B-C間について】

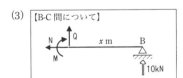

(力の釣り合い式)

$\Sigma X = 0:\quad -N = 0$
$\Sigma Y = 0:\quad Q + 10 = 0 \Rightarrow \begin{cases} N = 0\text{kN} \\ Q = -10\text{kN} \\ M = 10x\text{ kN·m} \end{cases}$
$\Sigma M = 0:\quad M - 10x = 0$

$(0\text{m} \leq x \leq 4\text{m})$

(4)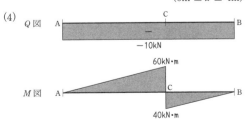

問題2

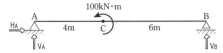

(反力計算)

$\Sigma X = 0:\quad H_A = 0$
$\Sigma Y = 0:\quad V_A + V_B = 0 \quad \text{①}$
$\Sigma M_A = 0:\quad -100 - V_B \times 10 = 0$
$\qquad\qquad V_B = -10\text{kN} \quad \text{②}$
②を①に代入して　$V_A = 10\text{kN}$

【A-C間について】

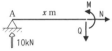

$\Sigma X = 0:\quad N = 0$
$\Sigma Y = 0:\quad 10 - Q = 0 \Rightarrow \begin{cases} N = 0\text{kN} \\ Q = 10\text{kN} \\ M = 10x\text{ kN·m} \end{cases}$
$\Sigma M = 0:\quad 10x - M = 0$

$(0\text{m} \leq x \leq 4\text{m})$

【B-C間について】

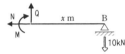

$\Sigma X = 0:\quad N = 0$
$\Sigma Y = 0:\quad Q - 10 = 0 \Rightarrow \begin{cases} N = 0\text{kN} \\ Q = 10\text{kN} \\ M = -10x\text{ kN·m} \end{cases}$
$\Sigma M = 0:\quad M + 10x = 0$

$(0\text{m} \leq x \leq 6\text{m})$

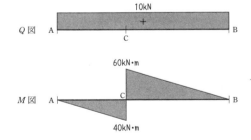

問題3

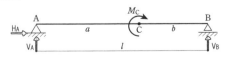

(反力計算)

$\Sigma X = 0:\quad H_A = 0$

$\Sigma Y = 0:\quad V_A + V_B = 0 \quad\text{——①}$

$\Sigma M_A = 0:\quad M_C - V_B \times l = 0$

$\qquad\qquad\qquad V_B = \dfrac{M_C}{l} \quad\text{——②}$

②を①に代入して $V_A = -\dfrac{M_C}{l}$

【A-C 間について】

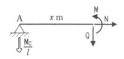

$\Sigma X = 0:\quad N = 0$
$\Sigma Y = 0:\quad -\dfrac{M_C}{l} - Q = 0 \Rightarrow \begin{cases} N = 0 \\ Q = -\dfrac{M_C}{l} \\ M = -\dfrac{M_C}{l}x \end{cases}$
$\Sigma M = 0:\quad -\dfrac{M_C}{l}x - M = 0$

$(0 \leqq x \leqq a)$

【B-C 間について】

$\Sigma X = 0:\quad -N = 0$
$\Sigma Y = 0:\quad Q + \dfrac{M_C}{l} = 0 \Rightarrow \begin{cases} N = 0 \\ Q = -\dfrac{M_C}{l} \\ M = \dfrac{M_C}{l}x \end{cases}$
$\Sigma M = 0:\quad M - \dfrac{M_C}{l}x = 0$

$(0 \leqq x \leqq b)$

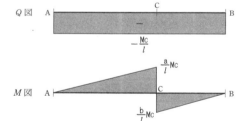

5・4 部材に生じる力 ▶ 片持ち梁

問題 1

(1)
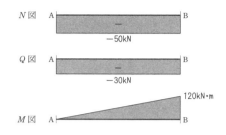

$\Sigma X = 0:\quad 50 + N = 0$
$\Sigma Y = 0:\quad -30 - Q = 0 \Rightarrow \begin{cases} N = -50\text{kN} \\ Q = -30\text{kN} \\ M = -30x\text{ kN·m} \end{cases}$
$\Sigma M = 0:\quad -30x - M = 0$

$(0\text{m} \leqq x \leqq 4\text{m})$

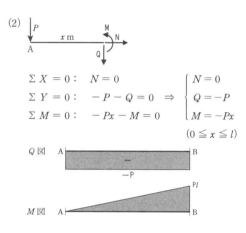

(2)

$\Sigma X = 0:\quad N = 0$
$\Sigma Y = 0:\quad -P - Q = 0 \Rightarrow \begin{cases} N = 0 \\ Q = -P \\ M = -Px \end{cases}$
$\Sigma M = 0:\quad -Px - M = 0$

$(0 \leqq x \leqq l)$

問題 2

(1)

$\Sigma X = 0:\quad N = 0$
$\Sigma Y = 0:\quad -4x - Q = 0 \Rightarrow \begin{cases} N = 0\text{kN} \\ Q = -4x\text{ kN} \\ M = -2x^2\text{ kN·m} \end{cases}$
$\Sigma M = 0:\quad -4x \times \dfrac{x}{2} - M = 0$

$(0\text{m} \leqq x \leqq 5\text{m})$

(2)

$\Sigma X = 0:\quad N = 0$
$\Sigma Y = 0:\quad -wx - Q = 0 \Rightarrow \begin{cases} N = 0 \\ Q = -wx \\ M = -\dfrac{wx^2}{2} \end{cases}$
$\Sigma M = 0:\quad -wx \times \dfrac{x}{2} - M = 0$

$(0 \leqq x \leqq l)$

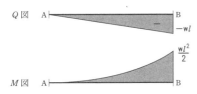

問題3

(1)

$\Sigma X = 0: \quad N = 0$
$\Sigma Y = 0: \quad -Q = 0 \quad \Rightarrow \quad \begin{cases} N = 0\text{kN} \\ Q = 0\text{kN} \\ M = -10\text{kN·m} \end{cases}$
$\Sigma M = 0: \quad -10 - M = 0$
$(0\text{m} \leqq x \leqq 6\text{m})$

Q図 A ├──────── 0kN ────────┤ B

M図 [10kN·m]

(2)

$\Sigma X = 0: \quad N = 0$
$\Sigma Y = 0: \quad -Q = 0 \quad \Rightarrow \quad \begin{cases} N = 0 \\ Q = 0 \\ M = -M_A \end{cases}$
$\Sigma M = 0: \quad -M_A - M = 0$
$(0 \leqq x \leqq l)$

Q図 A ├──────── 0kN ────────┤ B

M図 [M_A]

6·1 部材に生じる力 ▶ 実用的解法

問題1

(1)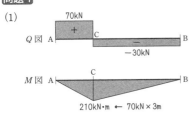

問題2

(1)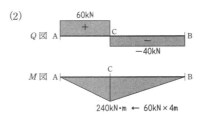

(2)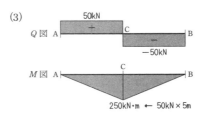

(3)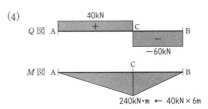

---

(2)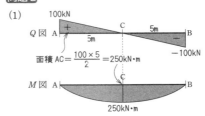

(3)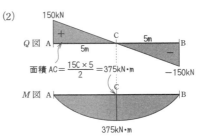

(4)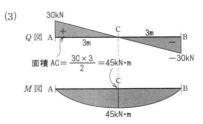

(4)
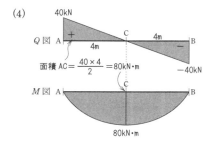

(2)
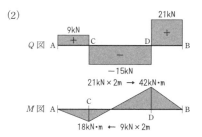

(3)
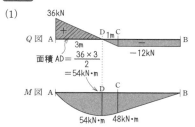

(4)
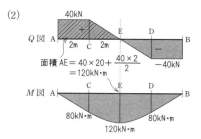

問題3

(1)
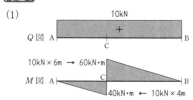

(2)
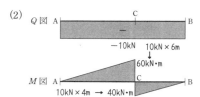

(3)
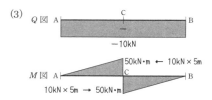

(4)
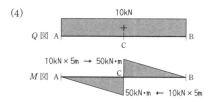

6・2 部材に生じる力 ▶ 梁

問題1

(1)
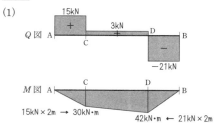

問題2

(1)
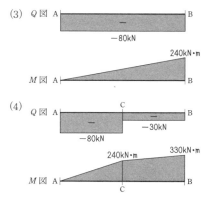

(2)
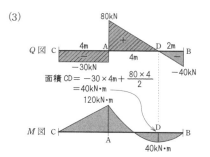

(3)

16

(4)
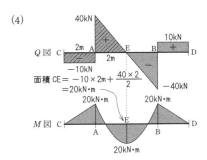

6・3 部材に生じる力 ▶ラーメン

問題 1

(1)
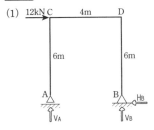

(反力計算)

$\Sigma X = 0:$ $12 - H_B = 0$ $H_B = \underline{12\text{kN}}$ （答え）

$\Sigma Y = 0:$ $V_A + V_B = 0$ ――①

$\Sigma M_A = 0:$ $12 \times 6 + V_A \times 4 = 0$

$V_A = \underline{-18\text{kN}}$ （答え）――②

②を①に代入して $V_B = \underline{18\text{kN}}$ （答え）

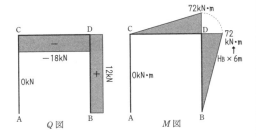

(2)
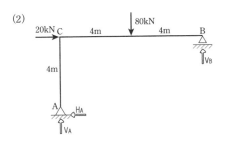

(反力計算)

$\Sigma X = 0:$ $20 - H_A = 0$ $H_A = \underline{20\text{kN}}$ （答え）

$\Sigma Y = 0:$ $V_A + V_B - 80 = 0$ ――①

$\Sigma M_A = 0:$ $20 \times 4 + 80 \times 4 - V_B \times 8 = 0$

$V_B = \underline{50\text{kN}}$ （答え）――②

②を①に代入して $V_A = \underline{30\text{kN}}$ （答え）

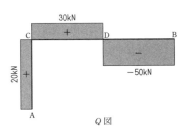

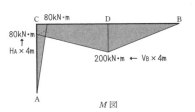

問題 2

(1)
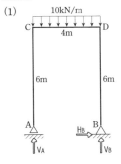

(反力計算)

$\Sigma X = 0:$ $H_B = 0$

$\Sigma Y = 0:$ $V_A + V_B - 40 = 0$ ――①

$\Sigma M_B = 0:$ $V_A \times 4 - 40 \times 2 = 0$

$V_A = \underline{20\text{kN}}$ （答え）――②

②を①に代入して $V_B = \underline{20\text{kN}}$ （答え）

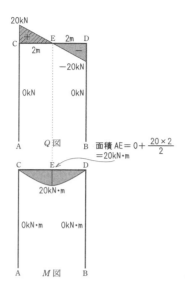

(2)

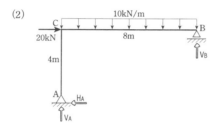

（反力計算）

$\Sigma X = 0:\quad 20 - H_A = 0 \quad H_A = \underline{20kN}$ （答え）

$\Sigma Y = 0:\quad V_A + V_B - 80 = 0 \quad$ ──①

$\Sigma M_A = 0:\quad 20 \times 4 + 80 \times 4 - V_B \times 8 = 0$

$V_B = \underline{50kN}$ （答え） ──②

②を①に代入して $V_A = \underline{30kN}$ （答え）

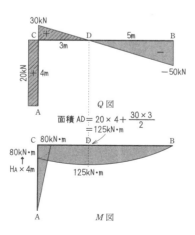

6・4 部材に生じる力 ▶ 3 ヒンジラーメン

問題1

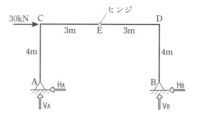

(1)（反力計算）

$\Sigma X = 0:\quad 30 - H_A - H_B = 0$

$\qquad H_A + H_B = 30 \quad$ ──①

$\Sigma Y = 0:\quad V_A + V_B = 0 \quad$ ──②

$\Sigma M_A = 0:\quad 30 \times 4 - V_B \times 6 = 0$

$\qquad V_B = \underline{20kN}$ （答え） ──③

③を②に代入して $V_A = \underline{-20kN}$ （答え）

$M_{E右} = H_B \times 4 - V_B \times 3 = 0 \quad$ ──④

③を④に代入して $H_B = \underline{15kN}$ （答え）

①より $H_A = \underline{15kN}$ （答え）

(2)

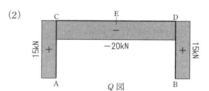

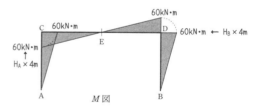

問題2

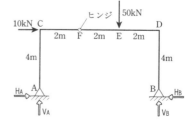

（反力計算）

$\Sigma X = 0:\quad 10 + H_A - H_B = 0$

$$H_B - H_A = 10 \quad \text{①}$$
$$\Sigma Y = 0: \quad V_A + V_B - 50 = 0 \quad \text{②}$$
$$\Sigma M_B = 0: \quad V_A \times 6 + 10 \times 4 - 50 \times 2 = 0$$
$$V_A = \underline{10\text{kN}} \quad \text{(答え)} \quad \text{③}$$
③を②に代入して $\quad V_B = \underline{40\text{kN}} \quad$ (答え)
$$M_{F左} = V_A \times 2 - H_A \times 4 = 0 \quad \text{④}$$
③を④に代入して $\quad H_A = \underline{5\text{kN}} \quad$ (答え)
①より $\quad H_B = \underline{15\text{kN}} \quad$ (答え)

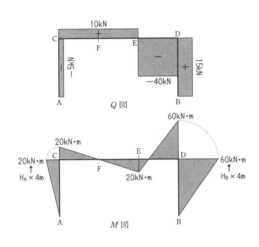

7・1 トラス▶節点法

問題 1

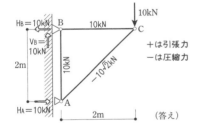

（反力計算）
$$\Sigma X = 0: \quad H_A - H_B = 0 \quad \text{①}$$
$$\Sigma Y = 0: \quad V_B - 10 = 0 \quad V_B = 10\text{kN}$$
$$\Sigma M_B = 0: \quad 10 \times 2 - H_A \times 2 = 0$$
$$H_A = 10\text{kN} \quad \text{②}$$
②を①に代入して $\quad H_B = 10\text{kN}$

【節点 C について】

$$\Sigma X = 0: \quad -N_{BC} - \frac{N_{AC}}{\sqrt{2}} = 0 \quad \text{③}$$
$$\Sigma Y = 0: \quad -10 - \frac{N_{AC}}{\sqrt{2}} = 0$$
$$N_{AC} = \underline{-10\sqrt{2}\text{kN}} \quad \text{(答え)} \quad \text{④}$$
④を③に代入して $\quad N_{BC} = \underline{10\text{kN}} \quad$ (答え)

【節点 A について】

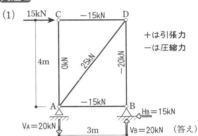

$$\Sigma Y = 0: \quad N_{AB} + \frac{N_{AC}}{\sqrt{2}} = 0 \quad \text{⑤}$$
④を⑤に代入して $\quad N_{AB} = \underline{10\text{kN}} \quad$ (答え)

問題 2

(1)

（反力計算）
$$\Sigma X = 0: \quad 15 - H_B = 0 \quad H_B = 15\text{kN}$$
$$\Sigma Y = 0: \quad V_B - V_A = 0 \quad \text{①}$$
$$\Sigma M_B = 0: \quad 15 \times 4 - V_A \times 3 = 0$$
$$V_A = 20\text{kN} \quad \text{②}$$
②を①に代入して $\quad V_B = 20\text{kN}$

【節点 C について】

$$\Sigma X = 0: \quad N_{CD} + 15 = 0 \quad N_{CD} = \underline{-15\text{kN}} \quad \text{(答え)}$$
$$\Sigma Y = 0: \quad -N_{AC} = 0 \quad N_{AC} = \underline{0\text{kN}} \quad \text{(答え)}$$

【節点 D について】

$\Sigma X = 0$： $-(-15) - \dfrac{3}{5} N_{AD} = 0$
$N_{AD} = \underline{25\text{kN}}$ （答え）——③

$\Sigma Y = 0$： $-\dfrac{4}{5} N_{AD} - N_{BD} = 0$

③を④に代入して $N_{BD} = \underline{-20\text{kN}}$ （答え）

【節点 B について】

$\Sigma X = 0$： $-N_{AB} - 15 = 0$
$N_{AB} = \underline{-15\text{kN}}$ （答え）

(2)

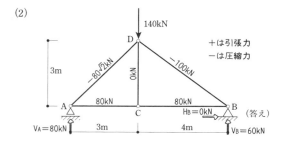

（反力計算）
$\Sigma X = 0$： $H_B = 0$
$\Sigma Y = 0$： $V_A + V_B - 140 = 0$ ——①
$\Sigma M_A = 0$： $140 \times 3 - V_B \times 7 = 0$
$V_B = 60\text{kN}$ ——②
②を①に代入して $V_A = 80\text{kN}$

【節点 A について】

$\Sigma X = 0$： $N_{AC} + \dfrac{N_{AD}}{\sqrt{2}} = 0$ ——③
$\Sigma Y = 0$： $\dfrac{N_{AD}}{\sqrt{2}} + 80 = 0$
$N_{AD} = \underline{-80\sqrt{2}\text{kN}}$ （答え）——④
④を③に代入して $N_{AC} = \underline{80\text{kN}}$ （答え）

【節点 B について】

$\Sigma X = 0$： $-\dfrac{4}{5} N_{BD} - N_{BC} = 0$ ——⑤
$\Sigma Y = 0$： $\dfrac{3}{5} N_{BD} + 60 = 0$
$N_{BD} = \underline{-100\text{kN}}$ （答え）——⑥
⑥を⑤に代入して $N_{BC} = \underline{80\text{kN}}$ （答え）

【節点 C について】

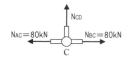

$\Sigma Y = 0$： $N_{CD} = \underline{0}$ （答え）

7・2　トラス▶図解法

問題 1

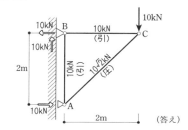

(答え)

反力は **7・1** 節点法を参照してください。

【節点 C について】

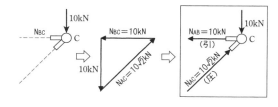

【節点 A について】

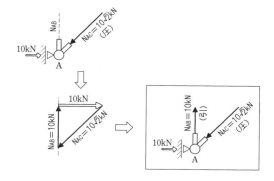

問題2

(1)
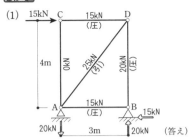

反力は **7・1** 節点法を参照してください。

【節点 C について】
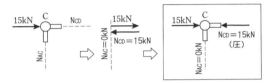

【節点 D について】
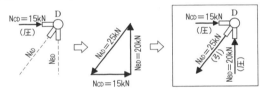

【節点 B について】
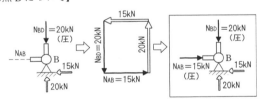

(2)
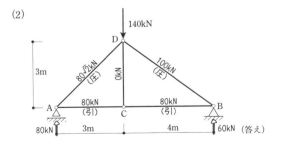

反力は **7・1** 節点法を参照してください。

【節点 A について】
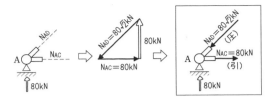

【節点 B について】
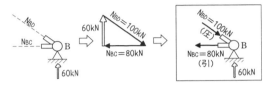

【節点 C について】
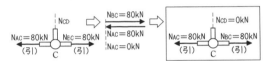

7・3　トラス▶切断法

問題1

(1)
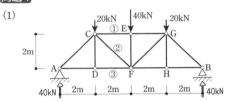

荷重の対称性により、反力 $V_A = V_B = 40\text{kN}$

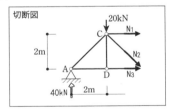

切断図について力の釣り合い式をたてる。

$\Sigma X = 0:\quad N_1 + \dfrac{N_2}{\sqrt{2}} + N_3 = 0 \quad\text{——①}$

$\Sigma Y = 0:\quad 40 - 20 - \dfrac{N_2}{\sqrt{2}} = 0$

$\qquad\qquad\qquad N_2 = 20\sqrt{2}\text{kN} \quad\text{——②}$

$\Sigma M_C = 0:\quad 40 \times 2 - N_3 \times 2 = 0$

$\qquad\qquad\qquad N_3 = 40\text{kN} \quad\text{——③}$

②③を①に代入する。

$N_1 + \dfrac{20\sqrt{2}}{\sqrt{2}} + 40 = 0 \qquad N_1 = -60\text{kN}$

$N_1 = -60$kN　　$N_2 = 20\sqrt{2}$kN　　$N_3 = 40$kN　　（答え）

(2)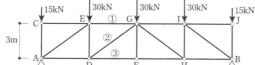

荷重の対称性により、反力 $V_A = V_B = 60$kN

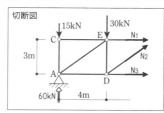

切断図について力の釣り合い式をたてる。

$\Sigma X = 0$：　$N_1 + \dfrac{4}{5} N_2 + N_3 = 0$ ──①

$\Sigma Y = 0$：　$60 - 15 - 30 + \dfrac{3}{5} N_2 = 0$

$N_2 = -25$kN ──②

$\Sigma M_D = 0$：　$N_1 \times 3 + 60 \times 4 - 15 \times 4 = 0$

$N_1 = -60$kN ──③

②③を①に代入する。

$-60 + \dfrac{4}{5} \times (-25) + N_3 = 0$　　$N_3 = 80$kN

$N_1 = -60$kN　　$N_2 = -25$kN　　$N_3 = 80$kN　（答え）

問題2

(1) 片持ち型なので反力のない側を取り出し切断図を描く。

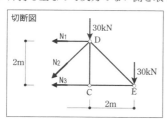

切断図について力の釣り合い式をたてる。

$\Sigma X = 0$：　$-N_1 - \dfrac{N_2}{\sqrt{2}} - N_3 = 0$ ──①

$\Sigma Y = 0$：　$-\dfrac{N_2}{\sqrt{2}} - 30 - 30 = 0$

$N_2 = -60\sqrt{2}$kN ──②

$\Sigma M_D = 0$：　$30 \times 2 + N_3 \times 2 = 0$

$N_3 = -30$kN ──③

②③を①に代入する。

$-N_1 - \dfrac{(-60\sqrt{2})}{\sqrt{2}} - (-30) = 0$　　$N_1 = 90$kN

$N_1 = 90$kN　　$N_2 = -60\sqrt{2}$kN　　$N_3 = -30$kN　（答え）

(2) 片持ち型なので反力のない側を取り出し切断図を描く。

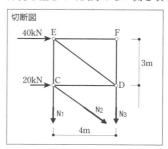

切断図について力の釣り合い式をたてる。

$\Sigma X = 0$：　$\dfrac{4}{5} N_2 + 40 + 20 = 0$

$N_2 = -75$kN ──①

$\Sigma Y = 0$：　$-N_1 - \dfrac{3}{5} N_2 - N_3 = 0$ ──②

$\Sigma M_C = 0$：　$40 \times 3 + N_3 \times 4 = 0$

$N_3 = -30$kN ──③

①③を②に代入して、

$-N_1 - \dfrac{3}{5} \times (-75) - (-30) = 0$　　$N_1 = 75$kN

$N_1 = 75$kN　　$N_2 = -75$kN　　$N_3 = -30$kN　（答え）

問題3

片持ち型なので反力のない側を取り出し切断図を描く。

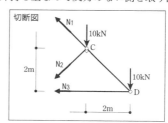

切断図について力の釣り合い式をたてる。

$\Sigma X = 0$：　$-\dfrac{N_1}{\sqrt{2}} - \dfrac{N_2}{\sqrt{2}} - N_3 = 0$

$N_1 + N_2 = -\sqrt{2} N_3$ ──①

$\Sigma Y = 0$：　$\dfrac{N_1}{\sqrt{2}} - \dfrac{N_2}{\sqrt{2}} - 10 - 10 = 0$

$N_1 - N_2 = 20\sqrt{2}$ ──②

$\Sigma M_C = 0$：　$N_3 \times 2 + 10 \times 2 = 0$

$N_3 = -10$kN ──③

③を①に代入する。

$N_1 + N_2 = 10\sqrt{2}$ ──④

④と②を連立して N_1、N_2 を求める。

$N_1 = 15\sqrt{2}$ kN　　$N_2 = -5\sqrt{2}$ kN

$N_1 = 15\sqrt{2}$ kN、$N_2 = -5\sqrt{2}$ kN、$N_3 = -10$ kN　（答え）

8・1　断面に関する数量 ▶ 図心・断面1次モーメント

問題1

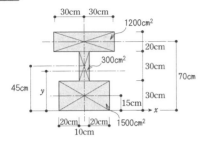

$A = 50 \times 30 + 10 \times 30 + 60 \times 20 = \underline{3000 \text{cm}^2}$　（答え）

$y = \dfrac{1500 \times 15 + 300 \times 45 + 1200 \times 70}{1500 + 300 + 1200}$

　$= \underline{40 \text{cm}}$　（答え）

問題2

(1)

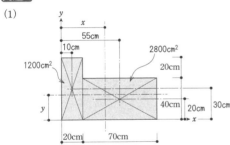

$A = 20 \times 60 + 70 \times 40 = \underline{4000 \text{cm}^2}$　（答え）

$x = \dfrac{1200 \times 10 + 2800 \times 55}{1200 + 2800} = 41.5 \text{cm}$

$y = \dfrac{1200 \times 30 + 2800 \times 20}{1200 + 2800} = 23.0 \text{cm}$

$(x,\ y) = \underline{(41.5 \text{cm}、23.0 \text{cm})}$　（答え）

(2)

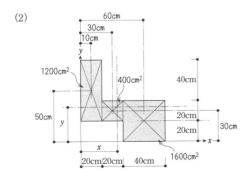

$A = 20 \times 60 - 20 \times 20 + 40 \times 40 = \underline{3200 \text{cm}^2}$　（答え）

$x = \dfrac{1200 \times 10 + 400 \times 30 + 1600 \times 60}{1200 + 400 + 1600} = 37.5 \text{cm}$

$y = \dfrac{1200 \times 50 + 400 \times 30 + 1600 \times 20}{1200 + 400 + 1600} = 32.5 \text{cm}$

$(x,\ y) = \underline{(37.5 \text{cm}、32.5 \text{cm})}$　（答え）

8・2　断面に関する数量 ▶ 断面2次モーメント・断面係数

問題1

(1)

$I = \dfrac{40 \times 60^3}{12} = \underline{720000 \text{cm}^4}$　（答え）

$Z = \dfrac{720000}{30} = \underline{24000 \text{cm}^3}$　（答え）

(2)

$I = \dfrac{9 \times 8^3}{12} - \dfrac{6 \times 4^3}{12} = \underline{352 \text{cm}^4}$　（答え）

$Z = \dfrac{352}{4} = \underline{88 \text{cm}^3}$　（答え）

問題2

(1)

$I = \dfrac{40 \times 60^3}{12} - \dfrac{20 \times 30^3}{12} = \underline{675000 \text{cm}^4}$　（答え）

$Z = \dfrac{675000}{30} = \underline{22500 \text{cm}^3}$　（答え）

(2)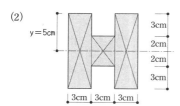

$$I = \frac{3 \times 10^3}{12} \times 2 + \frac{3 \times 4^3}{12} = \underline{516\,\text{cm}^4} \quad \text{(答え)}$$

$$Z = \frac{516}{5} = \underline{103.2\,\text{cm}^3} \quad \text{(答え)}$$

(3)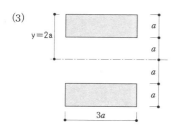

$$I = \frac{3a \times (4a)^3}{12} - \frac{3a(2a)^3}{12} = \underline{14a^4} \quad \text{(答え)}$$

$$Z = \frac{14a^4}{2a} = \underline{7a^3} \quad \text{(答え)}$$

(4)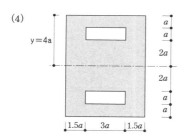

$$I = \frac{6a(8a)^3}{12} - \frac{3a(6a)^3}{12} + \frac{3a \times (4a)^3}{12}$$

$$= \underline{218a^4} \quad \text{(答え)}$$

$$Z = \frac{218a^4}{4a} = \underline{54.5a^3} \quad \text{(答え)}$$

問題3

(1)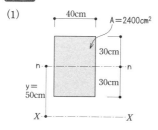

問題1 より

$I_n = 720000\,\text{cm}^4$

$I_X = I_n + Ay^2$

$= 720000 + 2400 \times 50^2$

$= \underline{672 \times 10^4\,\text{cm}^4} \quad$(答え)

(2)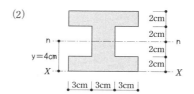

問題1 より

$I_n = 352\,\text{cm}^4$

断面図 $A = 9 \times 8 - 6 \times 4 = 48\,\text{cm}^2$

$I_X = I_n + Ay^2$

$= 352 + 48 \times 4^2$

$= \underline{1120\,\text{cm}^4} \quad$(答え)

問題4

(1)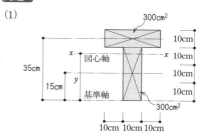

$$y = \frac{300 \times 15 + 300 \times 35}{300 + 300} = \underline{25\,\text{cm}} \quad \text{(答え)}$$

(2)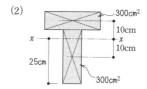

$$I_x = \left(\frac{10 \times 30^3}{12} + 300 \times 10^2\right) + \left(\frac{30 \times 10^3}{12} + 300 \times 10^2\right)$$

$$= \underline{85000\,\text{cm}^4} \quad \text{(答え)}$$

9・1 応力度 ▶ 軸応力度・伸び

問題1

(1) $N_t = \underline{10\,\text{kN}} \quad$(答え)

(2) 棒の断面積　$A = 10 \times 10 = \underline{100mm^2}$　（答え）

(3) $\sigma_t = \dfrac{N}{A} = \dfrac{10 \times 10^3 N}{100mm^2} = \underline{100N/mm^2}$　（答え）

(4) $\Delta l = \dfrac{Nl}{EA} = \dfrac{10 \times 10^3 N \times 2000mm}{50 \times 10^3 N/mm^2 \times 100mm^2} = \underline{4mm}$　（答え）

(5) $\varepsilon = \dfrac{\Delta l}{l} = \dfrac{4}{2000} = \underline{0.002}$　（答え）

問題2

部材が伸びた分だけ点 B は右に移動します。

点 B の移動量＝AB の伸び

$= \dfrac{Nl}{EA} = \dfrac{72 \times 10^3 N \times 5000mm}{2000N/mm^2 \times 9 \times 10^4 mm^2}$

$= \underline{2mm}$　（答え）

9・2　応力度▶曲げ応力度・せん断力度

問題1

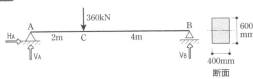

(1) $\Sigma X = 0:\quad H_A = 0$

$\Sigma Y = 0:\quad V_A + V_B - 360 = 0$

$\Sigma M_A = 0:\quad 360 \times 2 - V_B \times 6 = 0$

　　　　　　　　$\underline{V_B = 120kN}$　（答え）
　　　　　　　　$\underline{V_A = 240kN}$　（答え）

(2)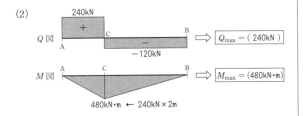

(3) $A = 400 \times 600 = \underline{240 \times 10^3 mm^2}$　（答え）

$Z = \dfrac{400 \times 600^2}{6} = \underline{24 \times 10^6 mm^3}$　（答え）

(4) $\sigma_{b\,max} = \dfrac{M_{max}}{Z} = \dfrac{480 \times 10^6 N \cdot mm}{24 \times 10^6 mm^3}$

$= \underline{20N/mm^2}$　（答え）

$\tau_{max} = 1.5 \dfrac{Q_{max}}{A} = 1.5 \times \dfrac{240 \times 10^3 N}{240 \times 10^3 mm^2}$

$= \underline{1.5N/mm^2}$　（答え）

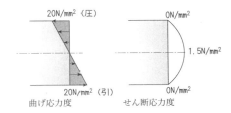

9・3　応力度▶許容応力度

問題1

(1)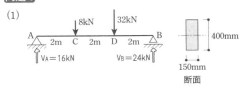

（反力計算）

$\Sigma Y = 0:\quad V_A + V_B - 8 - 32 = 0$

$\Sigma M_A = 0:\quad 8 \times 2 + 32 \times 4 - V_B \times 6 = 0$

$V_B = 24kN \qquad V_A = 16kN$

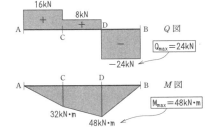

断面積 $A = 150 \times 400 = 60 \times 10^3 mm^2$

断面係数 $Z = \dfrac{150 \times 400^2}{6} = 4 \times 10^6 mm^3$

○曲げ応力度 $\sigma_{b\,max}$ の検討

$\sigma_{b\,max} = \dfrac{M_{max}}{Z} = \dfrac{48 \times 10^6 N \cdot mm}{4 \times 10^6 mm^3}$

$= \underline{12N/mm^2} \quad < \quad f_b = 20N/mm^2 \quad \Rightarrow \quad OK$

○最大せん断応力度 τ_{max} の検討

$$\tau_{max} = 1.5 \frac{Q_{max}}{A} = 1.5 \times \frac{24 \times 10^3 \text{N}}{60 \times 10^3 \text{mm}^2}$$
$$= \underline{0.6 \text{N/mm}^2} < f_s = 2.0 \text{N/mm}^2 \Rightarrow \text{OK}$$

$\sigma_{b max}$、τ_{max} とも OK なので　<u>OK</u>　（答え）

(2)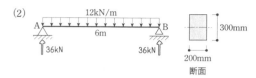

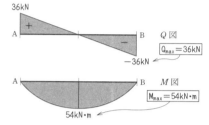

断面積 $A = 200 \times 300 = 60 \times 10^3 \text{mm}^2$
断面係数 $Z = \frac{200 \times 300^2}{6} = 3 \times 10^6 \text{mm}^3$

○曲げ応力度 $\sigma_{b max}$ の検討

$$\sigma_{b max} = \frac{M_{max}}{Z} = \frac{54 \times 10^6 \text{N·mm}}{3 \times 10^6 \text{mm}^3}$$
$$= \underline{18 \text{N/mm}^2} < f_b = 20 \text{N/mm}^2 \Rightarrow \text{OK}$$

○最大せん断応力度 τ_{max} の検討

$$\tau_{max} = 1.5 \frac{Q_{max}}{A} = 1.5 \times \frac{36 \times 10^3 \text{N}}{60 \times 10^3 \text{mm}^2}$$
$$= \underline{0.9 \text{N/mm}^2} < f_s = 2.0 \text{N/mm}^2 \Rightarrow \text{OK}$$

$\sigma_{b max}$、τ_{max} とも OK なので　<u>OK</u>　（答え）

問題2

(1) 断面係数 $Z = \frac{150 \times 300^2}{6} = 2.25 \times 10^6 \text{mm}^3$

$M_0 = f_b \times Z = 20 \text{N/mm}^2 \times 2.25 \times 10^6 \text{mm}^3$
$= 45 \times 10^6 \text{N·mm}$
$= \underline{45 \text{kN·m}}$　（答え）

(2) 断面係数 $Z = \frac{300 \times 150^2}{6} = 1.125 \times 10^6 \text{mm}^3$

$M_0 = f_b \times Z = 20 \text{N/mm}^2 \times 1.125 \times 10^6 \text{mm}^3$
$= 22.5 \times 10^6 \text{N·mm}$
$= \underline{22.5 \text{kN·m}}$　（答え）

問題3

答え：(1)
理由：(1)の方が許容曲げモーメント（断面係数）が大きいから。

問題4

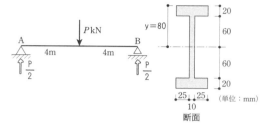

最大曲げモーメントは M_C であり、
$$M_C = \frac{P}{2} \times 4 = 2P \text{kN·m}$$

断面積 Z を求める。
断面2次モーメント $I = \frac{60 \times 160^3}{12} - \frac{50 \times 120^3}{12}$
$= 1328 \times 10^4 \text{mm}^4$

断面係数 $Z = \frac{I}{y} = \frac{1328 \times 10^4}{80}$
$= 166 \times 10^3 \text{mm}^3$

許容曲げモーメント M_0 を求める。
$M_0 = f_b \times Z = 156 \text{N/mm}^2 \times 166 \times 10^3 \text{mm}^3$
$= 25.896 \times 10^6 \text{N·mm}$
$= 25.896 \text{kN·m}$

最大曲げモーメント $M_C = 2P \text{kN·m}$ が許容曲げモーメント $M_0 = 25.896 \text{kN·m}$ になるときの P の値を求める。

$2P = 25.896$　　$P = \underline{12.948 \text{kN}}$　（答え）

9・4　応力度 ▶ 組合せ応力度

問題1

(1) $N = \underline{240 \text{kN}}$　（答え）

$M = 12 \text{kN} \times 6 \text{m} = \underline{72 \text{kN·m}}$　（答え）

(2) 断面積 $A = 400 \times 600 = \underline{240 \times 10^3 \text{mm}^2}$　（答え）

断面係数 $Z = \frac{400 \times 600^2}{6} = \underline{24 \times 10^6 \text{mm}^3}$　（答え）

(3) 圧縮応力度 $\sigma_c = \frac{N}{A} = \frac{240 \times 10^3 \text{N}}{240 \times 10^3 \text{mm}^2}$
$= \underline{1 \text{N/mm}^2}$　（答え）

曲げ応力度 $\sigma_b = \frac{M}{Z} = \frac{72 \times 10^6 \text{N·mm}}{24 \times 10^6 \text{mm}^3}$
$= \underline{3 \text{N/mm}^2}$　（答え）

(4)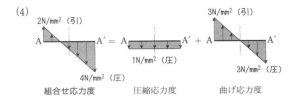
組合せ応力度　圧縮応力度　曲げ応力度

10 座屈

問題1

(1)

A　B　C　D　E

(2) $l_{kA} = \underline{1.2m}$　　$l_{kB} = 0.5 \times 1.5m = \underline{0.75m}$
　　$l_{kC} = 0.7 \times 2.0m = \underline{1.4m}$　　$l_{kD} = \underline{1.0m}$
　　$l_{kE} = 2 \times 0.75m = \underline{1.5m}$

長　$\underline{E(1.5m) > C(1.4m) > A(1.2m) > D(1.0m) > B(0.75m)}$　短

(3) 等質等断面であることから、座屈長さが短い方が座屈荷重は大きくなります。

大　$\underline{P_B > P_D > P_A > P_C > P_E}$　小

問題2

(a) $I_X = \dfrac{4 \times 12^3}{12} = \underline{576\,cm^4}$ （答え）

　　$I_Y = \dfrac{12 \times 4^3}{12} = \underline{64\,cm^4}$ （答え）

　　弱軸は（ Y ）軸である。

(b) $I_X = \dfrac{9 \times 8^3}{12} - \dfrac{6 \times 4^3}{12} = \underline{352\,cm^4}$ （答え）

　　$I_Y = \dfrac{2 \times 9^3}{12} \times 2 + \dfrac{4 \times 3^3}{12} = \underline{252\,cm^4}$ （答え）

　　弱軸は（ Y ）軸である。

答え：材質、長さ、支点条件が同じであれば、$\underline{(b)を使った方が座屈しにくい}$。

理由：(b)の方が弱軸に関する断面2次モーメントが大きいから。断面2次モーメントが大きいほど座屈荷重が大きくなり、座屈しにくくなる。

問題3

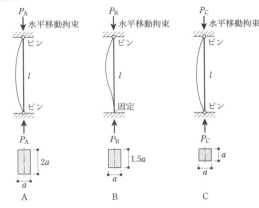

A　B　C

座屈長さは次のようになります。

$l_{kA} = l$　　$l_{kB} = 0.7l$　　$l_{kC} = l$

弱軸に関する断面2次モーメントを求めます。

$I_A = \dfrac{2a \times a^3}{12} = \dfrac{2a^4}{12}$

$I_B = \dfrac{1.5a \times a^3}{12} = \dfrac{1.5a^4}{12}$

$I_C = \dfrac{a^4}{12}$

$\dfrac{a^4}{12} = I$ と置くと、

$I_A = 2I$　　$I_B = 1.5I$　　$I_C = I$　　と表せます。

座屈荷重を求めます。

$P_A = \dfrac{\pi^2 E(2I)}{l^2} = 2\dfrac{\pi^2 EI}{l^2}$

$P_B = \dfrac{\pi^2 E(1.5I)}{(0.7l)^2} \fallingdotseq 3\dfrac{\pi^2 EI}{l^2}$

$P_C = \dfrac{\pi^2 EI}{l^2}$

$\underline{P_B > P_A > P_C}$　（答え）

11・1 たわみ ▶ たわみ・たわみ角公式

問題1

(1) 大きく　(2) 大きく　(3) 小さく　(4) 小さく

問題2

(1) $\dfrac{Pl^2}{2EI} \div \dfrac{Pl^2}{16EI} = \dfrac{Pl^2}{2EI} \times \dfrac{16EI}{Pl^2} = \underline{8倍}$　（答え）

(2) $\dfrac{Pl^3}{3EI} \div \dfrac{Pl^3}{48EI} = \dfrac{Pl^3}{3EI} \times \dfrac{48EI}{Pl^3} = \underline{16倍}$　（答え）

(3) $\dfrac{wl^3}{6EI} \div \dfrac{wl^3}{24EI} = \dfrac{wl^3}{6EI} \times \dfrac{24EI}{wl^3} = \underline{4\text{倍}}$　（答え）

(4) $\dfrac{wl^4}{8EI} \div \dfrac{5wl^4}{384EI} = \dfrac{wl^4}{8EI} \times \dfrac{384EI}{5wl^4} = \underline{9.6\text{倍}}$　（答え）

問題3

(1) $\delta = \dfrac{(4P)l^3}{3EI} = 4\dfrac{Pl^3}{3EI}$　⇒　$\underline{4\text{倍}}$　（答え）

(2) $\delta = \dfrac{P(3l)^3}{3EI} = 27\dfrac{Pl^3}{3EI}$　⇒　$\underline{27\text{倍}}$　（答え）

(3) $\delta = \dfrac{Pl^3}{3\left(\dfrac{E}{2}\right)I} = 2\dfrac{Pl^3}{3EI}$　⇒　$\underline{2\text{倍}}$　（答え）

(4) $\delta = \dfrac{Pl^3}{3E(2I)} = \dfrac{1}{2}\dfrac{Pl^3}{3EI}$　⇒　$\underline{\dfrac{1}{2}\text{倍}}$　（答え）

(5) $I = \dfrac{(3b)h^3}{12} = 3\dfrac{bh^3}{12}$　⇒　断面2次モーメント I が3倍になる。

$\delta = \dfrac{Pl^3}{3E(3I)} = \dfrac{1}{3}\dfrac{Pl^3}{3EI}$　⇒　$\underline{\dfrac{1}{3}\text{倍}}$　（答え）

(6) $I = \dfrac{b\left(\dfrac{1}{2}h\right)^3}{12} = \dfrac{1}{8}\dfrac{bh^3}{12}$　⇒　断面2次モーメント I が $\dfrac{1}{8}$ 倍になる。

$\delta = \dfrac{Pl^3}{3E\left(\dfrac{1}{8}I\right)} = 8\dfrac{Pl^3}{3EI}$　⇒　$\underline{8\text{倍}}$　（答え）

11・2　たわみ▶たわみの求め方

問題1

変形図

$\delta_B = \dfrac{P\left(\dfrac{l}{2}\right)^3}{3EI} = \dfrac{Pl^3}{24EI}$

$\delta_{BC} = \theta_B \times \dfrac{l}{2} = \dfrac{P\left(\dfrac{l}{2}\right)^2}{2EI} \times \dfrac{l}{2} = \dfrac{Pl^3}{16EI}$

$\delta_C = \delta_B + \delta_{BC} = \dfrac{Pl^3}{24EI} + \dfrac{Pl^3}{16EI} = \underline{\dfrac{5Pl^3}{48EI}}$　（答え）

問題2

$\delta_C = \dfrac{5Pl^3}{48EI} + \dfrac{Pl^3}{3EI} = \underline{\dfrac{7Pl^3}{16EI}}$　（答え）

問題3

$\delta_B = \dfrac{wl^4}{8EI}$

$\delta_{BC} = \theta_B \times l = \dfrac{wl^3}{6EI} \times l = \dfrac{wl^4}{6EI}$

$\delta_{C1} = \delta_B + \delta_{BC}$　　$\delta_{C2} = \dfrac{\dfrac{wl}{8}(2l)^3}{3EI} = \dfrac{wl^4}{3EI}$

$\quad = \dfrac{wl^4}{8EI} + \dfrac{wl^4}{6EI} = \dfrac{7wl^4}{24EI}$

$\delta_C = \delta_{C1} + \delta_{C2}$

$\quad = \dfrac{7wl^4}{24EI} + \dfrac{wl^4}{3EI} = \underline{\dfrac{5wl^4}{8EI}}$　（答え）

12・1　不静定構造▶モーメント荷重

問題1

(1) 断面2次モーメント $I_{AB} = \dfrac{60 \times 60^3}{12} = 108 \times 10^4 \text{cm}^4$

$I_{BC} = \dfrac{30 \times 60^3}{12} = 54 \times 10^4 \text{cm}^4$

$K_{AB} = \dfrac{I_{AB}}{l_{AB}} = \dfrac{108 \times 10^4 \text{cm}^4}{800\text{cm}} = \underline{1350\text{cm}^3}$　（答え）

$K_{BC} = \dfrac{I_{BC}}{l_{BC}} = \dfrac{54 \times 10^4 \text{cm}^4}{800\text{cm}} = \underline{675\text{mm}^3}$　（答え）

(2) $k_{AB} : k_{BC} = K_{AB} : K_{BC} = 1350\text{mm}^3 : 675\text{mm}^3 = 2 : 1$

$\underline{k_{AB} = 2}$　　$\underline{k_{BC} = 1}$　（答え）

(3) 剛比に応じて150kN・m は M_{BA}、M_{BC} に分担されます。

$M_{BA} = \dfrac{2}{3} \times 150 = \underline{100\text{kN・m}}$ 　（答え）

$M_{BC} = \dfrac{1}{3} \times 150 = \underline{50\text{kN・m}}$

点A、点C には点B の曲げモーメントの $\dfrac{1}{2}$ が伝わります。

$M_{AB} = \dfrac{1}{2} \times M_{BA} = \underline{50\text{kN・m}}$ 　（答え）

$M_{CB} = \dfrac{1}{2} \times M_{BC} = \underline{25\text{kN・m}}$

(4)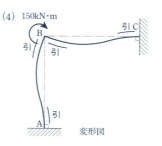

変形図

(5)

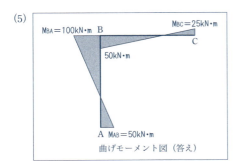

曲げモーメント図（答え）

12・2 不静定構造 ▶ 中間荷重

問題 1

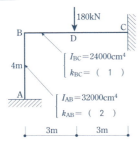

(1) $k_{AB} : k_{BC} = K_{AB} : K_{BC} = \dfrac{I_{AB}}{l_{AB}} : \dfrac{I_{BC}}{l_{BC}} = \dfrac{32000}{400} : \dfrac{24000}{600}$

$= \underline{2 : 1}$ （答え）

(2) $\dfrac{Pl}{8} = \dfrac{180 \times 6}{8} = \underline{135\text{kN}\cdot\text{m}}$ （答え）

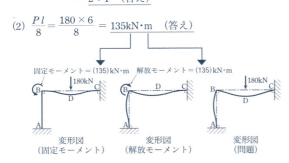

(3)

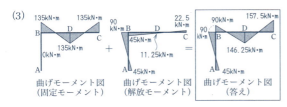

13・1 塑性解析の基礎 ▶ 静定構造

問題 1

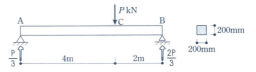

(1) 塑性断面係数 $Z_p = \dfrac{200 \times 200^2}{4} = 2 \times 10^6 \text{mm}^3$

$M_p = \sigma_y \times Z_p = 160\text{N/mm}^2 \times 2 \times 10^6 \text{mm}^3$

$= 320 \times 10^6 \text{N}\cdot\text{mm}$

$= \underline{320\text{kN}\cdot\text{m}}$ （答え）

(2)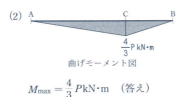

曲げモーメント図

$M_{max} = \underline{\dfrac{4}{3}P\text{kN}\cdot\text{m}}$ （答え）

(3) M_{max} が M_p に達するとき崩壊するので、

$\dfrac{4}{3}P_u = 320$

$P_u = \underline{240\text{kN}\cdot\text{m}}$ （答え）

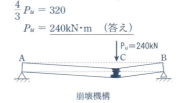

崩壊機構

問題 2

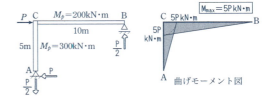

M_{max} が $M_p = 200\text{kN}\cdot\text{m}$（$M_p$ の小さい方）に達するとき崩壊するので、

$5P_u = 200$

$P_u = \underline{40\text{kN}}$ （答え）

13・2 塑性解析の基礎 ▶ 不静定構造

問題1

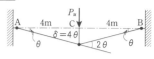

崩壊機構

外力のなす仕事 ＝ 内力のなす仕事

$P_u \times \delta = \underset{(点A)}{400\theta} + \underset{(点C)}{400 \times 2\theta} + \underset{(点B)}{400\theta}$

$P_u \times 4\theta = 1600\theta$

$P_u = \underline{400\text{kN}}$ （答え）

問題2

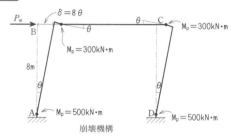

崩壊機構

外力のなす仕事 ＝ 内力のなす仕事

$P_u \times \delta = \underset{(点A)}{500\theta} + \underset{(点B)}{300\theta} + \underset{(点C)}{300\theta} + \underset{(点D)}{500\theta}$

$P_u \times 8\theta = 1600\theta$

$P_u = \underline{200\text{kN}}$ （答え）

チャレンジ問題

01

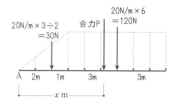

分布荷重を2つの合力にし、さらに2つの合力を1つにまとめる。

$P = 30 + 120 = \underline{150\text{N}}$ （答え）

点Aを中心としてバリニオンの定理より、

合力のモーメント＝分力のモーメントの総和

$150x = 30 \times 2 + 120 \times 6$

$x = \underline{5.2\text{m}}$ （答え）

02

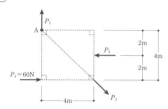

P_2を求めるので、求めなくてもよいP_1の作用点とP_3の作用線の交点Aを中心に、モーメントの釣り合い式をたてるとよい。

$\Sigma M_A = 0 : \quad P_2 \times 2 - 60 \times 4 = 0$

$P_2 = \underline{120\text{N}}$ （答え）

03

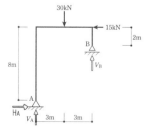

力の釣り合い式より

$\Sigma Y = 0 : \quad V_A + V_B - 30 = 0 \quad ──①$

$\Sigma M_A = 0 : \quad 30 \times 3 - 15 \times 8 - V_B \times 6 = 0$

$V_B = \underline{-5\text{kN}}$ （答え）

①に代入して $V_A = \underline{35\text{kN}}$ （答え）

04

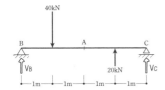

反力 V_B を求める。

$\Sigma M_C = 0: \quad V_B \times 4 - 40 \times 3 + 20 \times 1 = 0$

$V_B = 25\text{kN}$（上向き）

スパナ化法で M_A を求める。

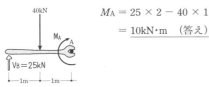

$M_A = 25 \times 2 - 40 \times 1$

$= \underline{10\text{kN·m}}$ （答え）

05

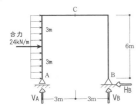

分布荷重を合力にして、鉛直反力 V_A, V_B を求める。

$\Sigma Y = 0: \quad V_A + V_B = 0 \quad \text{―①}$

$\Sigma M_B = 0: \quad 24 \times 3 + V_A \times 6 = 0$

$V_A = \underline{-12\text{kN}}$ （答え）

①に代入して $V_B = \underline{12\text{kN}}$ （答え）

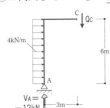

点C左側について、鉛直方向の力の釣り合い式をたてる。

$\Sigma Y = 0: -Q_C - 12 = 0$

絶対値なので、

$Q_C = \underline{12\text{kN}}$ （答え）

06

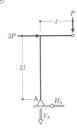

ヒンジを中心として、左側についてモーメントの釣り合い式をたてる。

$\Sigma M_\text{ヒンジ} = 0:$

$H_A \times 2l - V_A \times l = 0$

$V_A = 2H_A$

$\Rightarrow H_A : V_A = \underline{1 : 2}$ （答え）

07

下図のように切断し、軸方向力を設定する。

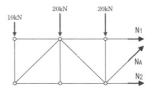

鉛直方向の力の釣り合い式より、

$\Sigma Y = 0: \quad \dfrac{N_A}{\sqrt{2}} - 10 - 20 - 20 = 0$

$N_A = \underline{50\sqrt{2}\text{kN}}$ （答え）

08

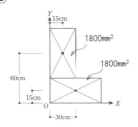

断面を2つの長方形に分け、それぞれの断面積と図心位置を描き込む。

図心位置の式で x, y を求める。

$x = \dfrac{1800 \times 30 + 1800 \times 15}{1800 + 1800} = 22.5\text{cm}$

$y = \dfrac{1800 \times 15 + 1800 \times 60}{1800 + 1800} = 37.5\text{cm}$

$(x, y) = \underline{(22.5\text{cm}, 37.5\text{cm})}$ （答え）

09

$I_x : I_y = 2 \times \dfrac{2l \times (4l)^3}{12} : \dfrac{4l(6l)^3}{12} - \dfrac{4l(2l)^3}{12}$

$= \underline{4 : 13}$ （答え）

10

スパナ化法により

A点の曲げモーメント $M_A = 1.5\text{kN} \times 2\text{m} = 3\text{kN·m}$

断面係数 $Z = \dfrac{100 \times 300 \times 300}{6} = 1.5 \times 10^6 \text{mm}^3$

最大曲げ応力度 $\sigma_b = \dfrac{M}{Z} = \dfrac{3 \times 10^6 \text{N·mm}}{1.5 \times 10^6 \text{mm}^3}$

$= \underline{2.0\text{N/mm}^2}$ （答え）

11

断面係数 $Z = \dfrac{120 \times 200 \times 200}{6} = 8 \times 10^5 \mathrm{mm}^3$

許容曲げモーメント $M_0 = f_b \times Z$

$\qquad\qquad\qquad = 12\mathrm{N/mm}^2 \times 8 \times 10^5 \mathrm{mm}^3$

$\qquad\qquad\qquad = 9.6 \times 10^6 \mathrm{N\cdot mm}$

$\qquad\qquad\qquad = \underline{9.6\mathrm{kN\cdot m}}$ （答え）

12

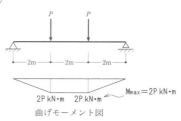

曲げモーメント図

断面係数 $Z = \dfrac{100 \times 300 \times 300}{6} = 1.5 \times 10^6 \mathrm{mm}^3$

許容曲げモーメント $M_0 = f_b \times Z$

$\qquad\qquad\qquad = 20\mathrm{N/mm}^2 \times 1.5 \times 10^6 \mathrm{mm}^3$

$\qquad\qquad\qquad = 30 \times 10^6 \mathrm{N\cdot mm}$

$\qquad\qquad\qquad = 30\mathrm{kN\cdot m}$

$M_{\max}$ が M_0 になるときの P の値を求める。

$\quad 2P = 30 \quad \Rightarrow \quad P = \underline{15\mathrm{kN}}$ （答え）

13

座屈荷重 $P_k = \dfrac{\pi^2 EI}{l_k^2}$

この問題で、柱により異なるのは座屈長さ l_k である。l_k が大きいほど P_k は小さくなることより、l_k の大小関係の逆を答えとする。

$l_{kA} = 0.5 \times 1.5l = 0.75l$

$l_{kB} = 1.2l$

$l_{kC} = 2 \times 0.5l = l$

$\qquad l_{kB} > l_{kC} > l_{kA}$

$\Rightarrow \quad \underline{P_B < P_C < P_A}$ （答え）

14

弱軸について断面2次モーメントを求める。

$\dfrac{\pi^2 EI}{l_k^2}$ より断面2次モーメント I が大きいほど、座屈荷重は大きくなる。

$I_A = \dfrac{5l(2l)^3}{12} = \dfrac{40l^3}{12}$

$I_B = \dfrac{3l(3l)^3}{12} = \dfrac{81l^3}{12}$

$I_C = \dfrac{l(2l)^3}{12} \times 2 + \dfrac{5l \times l^3}{12} = \dfrac{21l^3}{12}$

$\qquad I_B > I_A > I_C$

$\Rightarrow \quad \underline{P_B > P_A > P_C}$ （答え）

15

$\delta_B = \delta_A$ より、

$\dfrac{P_B l^3}{3EI} = \dfrac{P_A l^3}{48EI}$

$P_A = 16\mathrm{kN}$ を代入して、

$\dfrac{P_B l^3}{3EI} = \dfrac{16 l^3}{48EI} \quad \Rightarrow \quad P_B = \underline{1\mathrm{kN}}$ （答え）